KB052657

미국 의회기록컬렉션 관리 매뉴얼

Managing Congressional Collection

한국기록전문가협회는 2010년 출범하여 기록인의 사명을 정립하고 나아갈 방향을 제시하기 위한 기록전문가의 커뮤니티를 지향하고 있습니다. 또한 기록관리 분야의 교육 및 연구, 교류와 협력을 통해 소통에 노력하며, 기록전문가의 권익 보호와 직업윤리의 신장을 통해 우리사회의 민주주의와 기록관리 부문의 발전에 기여하는 것을 목적으로 하고 있습니다.

국회도서관 아카이브연구회는 2010년 국회기록관리연구회로 시작하여 2018년 아카이브연구회로 명칭을 변경한 국회도서관 직원연구회로, 해외의 의회기록관리 관련 주요 출판물에 대한 번역과 강독을 통하여 선진적인 기록관리 제도·원칙·방법론 등을 연구하고 그 성과를 관련 분야와 공유함으로써 의회 및 정치기록관리의 이론과 실무에 대한 전문성을 강화하는 것을 목적으로 활동하고 있습니다.

미국 의회기록컬렉션 관리 매뉴얼

초판 1쇄 발행   2019년 10월 31일

지은이   신시아 피스 밀러
옮긴이   국회도서관 아카이브연구회
펴낸이   윤관백
펴낸곳   ▟도서출판 **선인**

등록   제5-77호(1998.11.4)
주소   서울시 마포구 마포대로4다길 4(마포동 324-1) 곳마루빌딩 1층
전화   02)718-6252 / 6257
팩스   02)718-6253
E-mail   sunin72@chol.com
Homepage   www.suninbook.com

정가   15,000원
ISBN   979-11-6068-303-5   93000

· 잘못된 책은 바꾸어 드립니다.

한국기록전문가협회 번역총서 01

미국 의회기록컬렉션 관리 매뉴얼

Managing Congressional Collection

신시아 피스 밀러 저

국회도서관 아카이브연구회 역

역자 서문

　국회도서관 아카이브연구회(이하 연구회)는 국회기록관리에 관심
이 있는 직원들이 모여 2010년에 8명으로 시작한 직원연구회이며,
2015년도부터는 한국기록전문가협회 국회기록관리연구 분과로 등
록하여 다양한 활동을 하고 있습니다.

　2013년, 연구회는 의회기록관리와 관련된 신시아 피스 밀러(Cynthia
Pease MIller)의 *Managing Congressional Collection*를 읽고 번역본을
출판하기로 결정하였습니다. 이 책은 미국 아키비스트협회(SAA)에
서 2008년 출판한 책으로 의회기록관리의 기본지침과 오래된 실무,
의회기록의 특성과 현안문제들에 대한 고민을 담고 있어서 국회의
원기록관리와 서비스를 고민하고 있는 우리에게 꼭 필요하였습니
다. 무엇보다 의원기록관리제도, 기록관리의 원칙과 방법, 모범실무
등의 내용은 국회의원의 기록물 수집과 서비스 등 국회기록관리 업
무에 유용하였습니다.

　연구회는 2013년에 번역을 시작하여 2014년도까지 2년 동안 월
1회 만남을 통해 작업하였으며 2015년 1월 한국기록전문가협회에
출판을 의뢰하였습니다. 그리고 드디어 2019년 책이 나오게 되었습
니다. 책이 나오기까지 7년의 기다림이 있었습니다. 처음에는 의회

기록관리의 선진 사례를 공유하여 기록관리의 전문성과 신뢰성을 강화하고 국회기록관리의 발전에 도움이 되고자 시작한 일이었습니다. 그 마음이 해를 거듭하는 동안 계속해서 연구회에 이어지고 그 결과로 작지만 소중한 책으로 만들어지게 되었습니다. 지속적으로 책이 발간될 수 있게 노력해주신 한국기록전문가협회에 감사의 말씀을 드립니다. 또한 이 책이 출판되기까지 수고해주신 현 연구회 회원들께도 감사의 인사를 드립니다.

우리 연구회는 앞으로도 다양한 주제를 선정하여 연구를 계속하고, 그 연구결과를 공유하여 국회기록관리의 발전을 모색하고, 실무에도 적용할 수 있는 유의미한 결과를 도출할 것입니다.

연구회의 꾸준한 활동의 결과물인 이 번역본이 선진화된 의회기록관리발전에 도움이 되길 간절히 바랍니다.

국회도서관 아카이브연구회

회장 장영미

2019년 구성원 (가나다순, 직함 생략)

김장환, 박도원, 박성진, 복보경, 서연주, 이미경, 이정남, 이주협,

장영미, 정진화, 한종희, 함가경, 허민호, 홍연주, 홍원기

감사의 말

　이 지침서는 미국아키비스트협회(Society of American Archivists: SAA, 이하 'SAA')의 지원 없이는 발간될 수 없었을 것이다. SAA는 의회기록원탁회의(Congressional Papers Roundtable)를 대신하여 국립역사출판물및기록위원회(National Historical Publications and Records Commission: NHPRC, 이하 'NHPRC')로부터 연구비를 지원받아 이 지침서를 출판했다. 낸시 뷰몬트(Nancy Beaumont) 사무총장과 테레사 브리나티(Teresa Brinati) 출판국장은 이 사업을 적극적으로 지원해주었다.

　NHPRC는 20여 년 전 덕센의회센터(Dirksen Congressional Center)와 협력하여 하퍼스 페리 회의(Harpers Ferry Conference)로 알려진 의회기록 프로젝트(Congressional Papers Project)를 지원하면서 의회기록의 중요성을 일찌감치 인지하고 있었다. 당시 출판되었던 회의자료집을 통해 의회기록에 대한 기준이 최초로 수립되었다. 그 기준은 지금까지도 유효하며, 일부는 이 지침서에 포함되어 있다(30쪽 참조).

이 지침서가 작성된 직접적인 계기는 2003~2004년도에 의회기록 원탁회의 지침위원회(Congressional Papers Roundtable Guidelines Committee)가 활동하면서부터이다. 해당 위원회의 참가자는 위원장 인 켄터키 대학교의 제프레이 S. 수차넥(Jeffrey S. Suchanek), 노스센트럴 대학의 킴벌리 J. 버틀러(Kimberly J. Butler), 와이오밍 대학교 의 마크 A. 그린(Mark A. Greene), 사우스캐롤라이나 대학교의 허버트 J. 하트숙(Herbert J. Hartsook), 미국의회 상원역사국의 캐런 돌리 폴(Karen Dawley Paul), 오하이오 주립대학교의 제프레이 W. 토마스 (Jeffrey W. Thomas), 조지아 대학교의 셔릴 B. 보그트(Sheryl B. Vogt), 와이오밍 대학교의 캐서린 윈터즈(Katharine Winters), 직무상 권한을 가진 델라웨어 대학교의 L. 레베카 존슨(L. Rebecca Johnson) 등이었다. 또한 이 지침서는 허버트 J. 하트숙과 신시아 피스 밀러 (Cynthia Pease Miller)가 준비하여 발표한 의회기록컬렉션(congressional collections) 관련 워크숍 자료집에서도 도움을 받았다.

의회기록원탁회의는 SAA의 하위 분과와 다른 원탁회의 활동에 활발하게 참여함으로써 이론적 기반과 최신 기술에 대한 지식을 갖추고, 의회기록의 특수한 조건에 적용할 수 있는 정도의 전문성을 지닌 지도자 및 구성원들과 함께 할 수 있었다. 이 지침서는 약 25년 역사를 가진 의회기록원탁회의의 종합적인 지혜와 산출물을 반영하고 있다.

의회기록원탁회의 산하의 지침위원회는 의회기록 관리에 필요한
기술적인 문제와 재정적 문제 등에 관한 위원회의 요구에 응해준 동
료들에게 감사를 표하는 바이다.

지침위원회(Manual Committee)

프로젝트 책임자:

낸시 뷰몬트(Nancy Beaumont), 상임이사
미국아키비스트협회(Society of American Archivists)

저자:

신시아 피스 밀러(Cynthia Pease Miller)

미국 아키비스트협회 의회기록원탁회의 편집자문단:

제프레이 W. 토마스(Jeffrey W. Thomas), 의장
존 글렌 아카이브(John Glenn Archives), 오하이오 주립대학교

진 B. 비숍(Jean B. Bischoff)
로버트 J. 돌 정치학 연구소(Robert J. Dole Institute of Politics),
캔사스 대학교

캐슬린 크뤽쉔크(Kathleen Cruikshank)

  인디애나 대학교 도서관, 블루밍턴

앨런 H. 해벌(Alan H. Haeberle)

  미국 의회 상원, 오린 해치(Orrin Hatch) 상원 의원실

허버트 J. 하트숙(Herbert J. Hartsook)

  사우스캐롤라이나 정치 컬렉션, 사우스캐롤라이나 대학교

L. 레베카 존슨 멜빈(L. Rebecca Johnson Melvin)

  특수 컬렉션, 델라웨어 대학교 도서관

린다 A. 위태커(Linda A. Whitaker)

  애리조나 역사 재단

차례

제5장 참고서비스와 확장서비스 125

부록 139

들어가며

들어가며

1. 의회기록의 중요성

　미국 의회의 역사 기록인 1차 사료(primary sources)는 사실을 기록하기 위해 노력하는 두 기관에서 보존되고 있다. 미국국립기록청(National Archives and Records Administration: NARA, 이하 'NARA')에서 연방정부의 기관과 부서의 공식기록을 수집·보존하고 있으며, 이와는 별도로 NARA 산하의 입법부아카이브센터(Center for Legislative Archives)에서 의회의 공식적인 행정기록과 입법기록을 수집·보존한다. 그러나 그 기록들의 출처가 되는 의원들 숫자가 상당히 많기 때문에, 의회의 중요한 역사적 증거들은 상원의원과 하원의원이 개별적으로 생산한 수많은 기록들 또는 개인기록 속에서 발견된다.

　하원과 상원의 의사규칙에 따르면 하원의원 또는 상원의원으로서 의원의 직무과정에서 생산된 자료들은 그 의원의 사적인 재산으로 간주된다. 그래서 이들 1차 사료들은 해당 의원의 재량에 따라 보존된다. 이 규칙은 하원의장, 다수당과 소수당 대표, 상·하원 정당의 원내대표가 직무를 수행하며 생산한 기록에도 적용된다.

의원들의 개인기록 및 관련 기록컬렉션 – 넓은 의미에서 '의회기록컬렉션(*congressional collections*)'이라 한다 – 은 매우 귀중하지만 때로는 발굴되지 않은 역사적인 가치를 지니고 있다. 이 컬렉션은 선거구나 주(state), 그리고 연방정부와 국민 간의 관계로 이루어지는 연방 체제를 기록하고 있다. 또한 의회기록컬렉션은 민주주의의 근본 원칙인 연방정부 산하기관들 간의 권력 분립을 투영하고 있다. 학자들은 국가적 중대사뿐만 아니라 지역이 입법현안 및 입법자를 연구하는 배경과 심도가 되는 자료로서의 의회기록을 필요로 한다. 의원 개인기록은 의원들 간의 관계, 당 내·외부 간의 상호작용, 그리고 유권자와의 대의제 민주주의적인 관계 등을 보여주기도 한다.

이들 컬렉션은 역사학자와 정치학자를 넘어서 광범위한 이용자들에게 넓은 범위에 걸쳐 기록으로서의 증거적 가치와 연구 가치를 제공한다. 이 컬렉션들을 통해 법률적, 경제학적, 사회학적인 데이터뿐만 아니라 에너지, 환경, 윤리, 보건, 이민, 안보, 사회보장, 기술, 운송과 같은 항시적으로 중요한 사안들에 관한 체계적인 데이터들을 발견할 수 있다. 연방 차원에서 기금을 지원받은 연구서, 백서, 싱크탱크 제안서, 기술보고서들이 이들 컬렉션에 풍부하게 포함되어 있다. 이러한 기록에는 잠재적으로 높은 연구 가치가 내재되어 있지만 대개의 경우 찾기 쉽지 않은 자료들이다. 청문회, 유권자 서신, 이슈 관련 기록철 등에 대한 주제명 표목만이 국민으로서 우리가 누구이고, 무슨 일을 했는지 등에 대한 정보를 세상에 알린다.

더욱 중요한 점은 의회기록컬렉션은 접근이 쉽지 않거나 다른 곳에서 모으기 어려운 자료들을 포함하고 있어 지역적, 국가적, 국제적으로 연구자들을 끌어들인다는 사실이다.

특히 의회 200주년인 1989년 이후, 의회의 업적을 이해하기 위해 의회기록컬렉션의 가치에 대한 학자들의 인식이 증대되어, 기관들이 더 적극적으로 이들 컬렉션을 수집하도록 권장되었다. 동시에 의원들은 그 기록들을 학자, 대학생, 일반 국민들이 연구하는 데 사용할 수 있도록 하기 위해서 기록보존소에 해당 수집물을 두려는 경향이 증가했다. 이러한 경향은 일반 대중이 입법부를 연구할 수 있는 기회를 증대시켰다. 의회기록컬렉션은 의회의 공식기록을 보완하고, 민주적인 절차를 위한 투명성의 지표(beacon)로 부상했다. 그러나 이러한 컬렉션들이 기록보존소로 기증되면서 기증자와 인수받는 기록보존소에 특권과 의무가 생겨나게 되었다.

2. 의회기록컬렉션 표준의 역사적 배경

1976년 "뉴 하모니 컨퍼런스: 최근 공적 인물의 기록에 대한 접근"(New Harmony Conference: Access to the Papers of Recent Public Figures)과 함께 표준을 수립하는 권고안을 만들고 정치·공공정책 서류 관리 방식을 개선하기 위해 여섯 개의 국가회의와 간행물 작업이 진행되었다.

1978년 9월 "상원 기록의 연구를 위한 이용과 처분에 관한 회의"(Conference on the Research Use and Disposition of Senator's Papers)를 통해 상원의원 및 직원용으로 기록처분프로그램을 수립하기 위한 점검표가 만들어졌다. 이 점검표는 기록관리의 주요 사안과 자원들(sources), 그리고 기록관리 기관의 시설 수준에 초점이 맞추어져 있다.

덕센의회센터(Dirksen Congressional Center)와 NHPRC가 기금을 지원한 1985년의 의회기록프로젝트(Congressional Papers Project, "Harpers Ferry Conference")에서는 의회기록에 대한 기록관리를 개선하기 위해 야심찬 의제가 다루어졌다. 가장 중요한 활동은 컬렉션과 기록보존소 모두에 적용할 수 있는 최소한의 표준을 채택한 것이다.

1989년 SAA의 의회기록원탁회의의 한 전략팀은 "의회의 이해에 관한 200주년 기념 심포지움"(Bicentennial Symposium on Understanding Congress)과 공동으로 회의를 열어 의회 연구를 위한 기록화 전략(documentation strategy)을 제안하기 위해 다년간의 프로젝트를 책임졌다. 1992년 상원에서 출판된 『의회의 기록화』(*The Documentation of Congress*)는 의회의 기능과 행정, 외부관계를 충분히 기록화하기 위한 컬렉션 개발정책과 능동적인 아웃리치/프로그램을 명확히 하였다.

의회기록보존소 모델과 기록화 지침의 특징을 정의하는 내용이

전략팀의 보고서 전반에 포함되어 있다.

　1994년 9월 포틀랜드 노스우드 대학교(Northwood University)와 마거릿 체이스 스미스 도서관(Margaret Chase Smith Library)에서는 의원기록의 보존과 이용, 접근성을 평가하기 위해 의회기록회의(Congressional Papers Conference)를 후원하였다.

　2000년 12월에 출판된 「제3차 의회기록에 관한 자문위원회 보고서」(the Third Report of the Advisory Committee on the Records of Congress)는 2001년 8월 의회기록원탁회의의 후원을 받아 의회기록포럼(Congressional Papers Forum)을 발족시켰다. 그 포럼에서 패널리스트와 핵심 그룹들은 자문위원회에 대해 의원기록을 보존하는 절차를 개선하기 위한 두 가지 핵심 영역을 권고하였다. 의원실에서의 기록관리와 의회 또는 공공정책자료 센터의 강력한 국가적 네트워크 개발이 그것이다. 포럼 참석자들은 의회기록컬렉션을 지역과 주, 국가, 국제적인 수준의 연구에 이용하고 대중에게 제공할 수 있도록 하기 위해서는 이 정책센터의 역할이 중요하다는 인식을 높이는 것이 가장 급선무라 생각하였다. 자문위원회는 그 권고안을 추진하기 위해 두 개의 전략팀을 구성하였다. 중앙 태스크포스팀(The Center Task Force)은 의회기록원탁회의에서 의회기록보존소로서의 기능을 수행하기 위한 기록관리 표준을 적절히 정의하고 배치하여야 한다고 보고하였다. 의회기록원탁회의 지침위원회(Congressional Papers Roundtable Guidelines Committee)는 2003~2004년에 종료되었는데, 이 위원회의 작업이 본 지침서의 기초가 되었다. 위원회의 구성원들은 본 책의 감사의 글에 나열되어 있다.

3. 의회기록컬렉션의 도전 과제

　의회기록컬렉션에는 20세기와 21세기에 생산된 기록과 관련된 모든 관리상 문제가 내포되어 있으며, 이 기록을 수집하는 기관들은 엄격한 행정적인 결정을 해야만 한다. 아키비스트들은 이러한 전형적이고 방대한 컬렉션들과 관련된 문제에 직면하였으나, 그들이 이 수집물들을 적절하게 관리하기에는 재원이 부족한 것이 현실이다.

　평균적으로 상원의원은 해당 의원실에서 연간 100리니어피트* 이상의 기록철을 생산한다. 최근 들어 기증된 다선 상원의원 컬렉션은 보통 1,800~2,500리니어피트 정도 수준이다. 뿐만 아니라 모든 의회기록컬렉션은 다양한 포맷의 기록으로 이루어져 있으며, U.S. 메일, 팩스, 이메일, 아이메일(I-mail, 의원실 웹사이트를 통해 받은 메일)에서 받은 다량의 서신들을 포함하고 있다. 적절한 관리와 처리를 통해 영구적으로 역사적인 가치가 없는 자료들을 제거하고 유권자 메일의 특정 유형을 표본화함으로써, 보통 의회기록컬렉션의 크기를 25~75%까지 줄일 수 있다.

---

* (역자 주) 리니어피트(Linear feet)는 넓이의 단위인 스퀘어피트(squre feet)와 구분하기 위해 사용되는 피트의 동의어. 1 feet = 1 linear feet = 304.8mm

의회기록컬렉션은 기록보존소가 보관할 수 있는 대규모의 다른 매뉴스크립트와는 다르다. 이 수집기록의 구성을 보면 매 2년마다 의회의 의사일정과 구조, 그리고 기능이 반영되어 있음을 알 수 있다. 다른 특수한 분야와 마찬가지로 입법 절차는 그 자체만의 패턴과 주기, 그리고 용어를 가지고 있는데, 이러한 것들은 아키비스트가 정리·기술을 위해 필요한 맥락 파악에 필수적인 깃이다. 의회기록컬렉션 내의 다양한 기록들은 일관성 있는 어휘와 자료 조직 체계, 또는 중앙 집중적 파일 체계를 가지고 있을 수도 있으나, 그렇지 않을 수도 있다. 의원실은 기본적으로 대단히 과업지향적일 뿐, 일반적으로 아키비스트와 일반 연구자들이 가지고 있는 미래의 기록화 요구를 염두에 두고 일하지는 않는다.

보존기록 컬렉션에 관한 관리 책임은 기증자와 기록보존소 측 모두 제대로 인지하지 않는 경향이 있다. 기증자는 이들 컬렉션을 조직하고 기술하며 보존하는 데 필요한 기관의 재원을 알지 못할 수 있다. 기록보존소의 관리자는 의회기록의 복합적인 성격을 저평가할 수 있으며, 해당 컬렉션의 처리를 미숙련 직원, 즉 초급수준의 전문계약직 아키비스트(project archivist)와 대학원생에게 할당할 수도 있다. 이러한 상황은 미처리 컬렉션에 대한 연구자들의 접근을 지연시키게 함으로써 연구자들의 불평을 초래하게 만든다. 더구나, 부적절한 정리·기술과 방대한 컬렉션 덩어리를 탐색하는 데 따르는 어려움은 자료의 이용을 줄이는 결과를 초래할 가능성이 있다.

각 의원은 개인적인 여러 이유에 따라 컬렉션을 기증할 기록보존소를 선택할 수 있다. 이때 컬렉션을 관리하는 기록보존소의 능력이 일차적으로 고려되지 않는 경우가 있다. 결국 기증자의 기대치와 그에 부합하는 기록보존소 능력 간의 간극이 발생할 수 있다. 이런 상황에서 일반적으로 의회기록컬렉션은 기록보존소의 준비 상태가 형편없다는 그 자체만으로도 정치적 쟁점을 발생시키는 환경을 만들어 내게 된다.

이 편람의 지침은 기관들이 의회기록컬렉션을 수집·보존하기 위한 기록관리 결정 사안에 대한 개관을 제공한다. 마찬가지로 중요한 점은 본 지침이 의회기록컬렉션 기증자가 그들의 개인기록을 기록보존소에 기증하기 전에 두 가지 측면에서 수행해야 할 결정 사항에 대한 이해를 제공한다는 것이다. 이 두 가지 측면으로부터 본 지침은, 의회의 역사에 대한 보다 완벽한 기록화를 향한 목적을 가지고 의회기록컬렉션의 영구보존을 위한 계획수립에 유용한 "화두"를 제공한다.

이 지침의 수행 기준은 최소한의 표준부터 모범 실무(best practice) 까지 두루 걸쳐 있다. 특정 기관이 이하의 페이지에서 권고하고 있는 각각의 표준에 부합하는지는 그다지 중요하지 않다. 그러나 의회기록컬렉션에 대한 책임 있는 관리를 통해 기증자와 국민에 봉사하는 기록보존소의 능력은 이러한 표준에 부합하는 정도로 측정이 가능하다.

의회기록원탁회의는 의회와 관련된 컬렉션을 수집하는 기관들이 의회를 기록화하는 특수한 목적을 가지고 봉사한다는 믿음을 가지고 있다. 의회기록원탁회의에서는 의회기록컬렉션의 수집, 처리, 연구촉진에 집중할 센터와 부처, 프로그램이 생길 수 있도록 권고하고 있다. 그러나 모든 기관이 의회기록을 수집, 처리, 관리하기 위해 개별 센터, 부처 또는 프로그램을 필수적으로 유지힐 민힌 전문성을 가지고 있지 않다는 점은 인지하고 있다. 이러한 프로그램의 생성과 관리를 위한 기금 마련을 위해서는 기금 지원을 받는 기관 내부 지원의 폭과 깊이만큼 집단적인 비전이 필요하다. 설립된 센터의 목록은 의회연구센터협회(Association of centers for the Study of Congress) 웹사이트에서 찾을 수 있다(부록 B '전문 네트워크와 지원'을 참고하라).

의회기록원탁회의에서 모범 실무를 최초로 권고하지는 않았다. 의회기록에 관한 대부분의 보고서와 회의록에 이미 그러한 권고 사항이 담겨 있기 때문이다. 의회, 정치, 공공정책기록을 보존하는 이상적이고 모범적인 기록보존소의 윤곽(profile)이 컨퍼런스에서 토론과 보고서 및 회의록, 전문 문헌 등을 통해 아우러졌다. 30년 이상의 경험과 논의로 의회기록원탁회의가 모범 실무를 만들기 위해 30년 이상 수집한 전문적 지식을 이용가능하게 만들고, 모범적인 의회기록컬렉션 기록보존소를 위한 기준을 수립하는 것이 가능했다.

2008년 「양원동의결의안 307」(House Concurrent Resolution 307)이

통과되면서, 미국 의회는 역사적 가치가 있는 의원의 기록을 인지하고 해당 기록을 적절하게 보존할 수 있는 공식적인 행동을 시작하게 되었다. 결의안을 보면, 국가적 · 지방적 · 지역적인 정책에 관한 중요한 현안을 기록화하는 데 필요한 중요 기록을 거론하면서 의회기록이 국가 법률의 제정에 있어, 국민의 요구에 대한 대응에 있어, 그리고 의회의 역할을 국민이 이해하는 데 있어 결정적으로 중요하다는 점을 인지하고 있음을 확인할 수 있다. 결의안은 의회기록을 유지하고 관리하고 보존하기 위한 수단을 채택하는 것이 의원들의 책임이라고 언급하고, 기록을 다루기에 적절한 장비를 갖추고 있으며 그것들을 교육적인 목적에 이용할 수 있는 연구기관에 기증하도록 하고 있다.

제1장
권유 또는 기증으로 의회기록컬렉션 수집하기

제1장 권유 또는 기증으로 의회기록컬렉션 수집하기

1. 의회기록컬렉션 수집 기준

　모든 의회기록컬렉션에는 영구적 가치를 가진 자료가 있다. 원래의 컬렉션 중 무엇을 얼마나 보존해야 할지를 결정하는 것이 평가 절차이다. 의회기록을 수집할 예정인 기록보존소에서는 해당 기록보존소가 많은 양의 기록을 다룰 수 있는지, 그리고 전자기록 등 다양한 형태의 기록을 보존할 수 있는지에 대하여 스스로의 능력을 정직하게 평가해야 한다. 기록보존소의 아키비스트는 의원 재직 이전과 이후의 활동을 포함한 의원의 이력, 그 의원이 주장했던 주제들, 그리고 해당 지역에서 중요한 경제·사회적 주제들에 익숙해져야 한다. 평가 및 재평가 결정은 그 자료가 이미 다른 컬렉션에 포함되어 있는 자료와 중복되지 않도록 하기 위해 필요한 것이다.

아래에 나열된 기준들은 하퍼스 페리 보고서에서 재발행되었으며, 지금까지도 의원 기록의 영구적인 기록적, 연구적 가치를 평가할 기준을 제공한다.*

▨ 국가적 또는 국제적 현장에서의 의원의 업적

■ 의회 내에서 다수당·소수당의 대표, 간부회의 지도자, 또는 위원회 위원장 등 권력이나 영향력을 가지는 위치에 있었던 의원

■ 의회에서 오래 재직한 의원
  : 필연적인 것은 아니지만, 연공서열이 높은 사람일수록 정치계나 정부에서 중요한 관계를 맺거나, 동료들 사이에서 높은 지위를 차지하거나, 중요한 위원회나 기타 중요한 과제를 받았을 가능성이 높다.

■ 특정 위원회나 소위원회에서, 특히 당시의 쟁점과 관련해서 중요했던 위원회에 오랜 기간 참여한 의원

■ 특별위원회나 태스크포스 활동, 공청회 주관, 국정조사 참여, 기

---

* 30~37쪽은 하퍼스 페리 보고서(Harpers Ferry Report)로 알려진 부록 B의 의회 기록 프로젝트 보고서(Congressional Papers Project Report)의 내용을 담고 있다. 프로젝트 책임자는 프랭크 매커만(Frank H. Mackaman)이며, 1985년도에 덕센 의회센터와 NHPRC가 후원하였다.

타 당시 공공 정책이나 의회의 운영에 중요했던 쟁점이나 사건에 적극적이고 영향력이 있었던 의원

■ 국가 공공 정책에 상당한 중요성을 가지는 하나 또는 그 이상의 분야에서 전문성을 키웠던 의원

■ 상원의원
: 모든 상원의원들이 하원의원들보다 중요하다는 뜻은 아니다. 다만 다른 능력들이 모두 동등할 경우, 상원의원은 하원의원보다 정책 사안에서 더 높은 위상을 차지하고, 해당 의원의 출신 선거구에서 보다 넓은 범위의 사람들과 접촉했을 가능성이 크다.

■ 의원이 되기 전이나 후에 주(state)나 국가(national) 수준의 다른 중요한 선출직 혹은 임명직 공무원이었던 의원, 또는 대중에게 정기적으로 노출될 만한 개인적인 경력을 가지고 있거나 관심 분야에 종사했던 의원

■ 의원과 선거구 간의 관계

■ 다른 의원들을 통해 자신들의 의사를 표출하지 못한 특정 지역 또는 이익 집단에게 재임 기간 동안 지지를 받았던 의원

■ 특히 해당 의원이 소속한 주에 적극적으로 대중적 활동을 수행

하는 개인 또는 조직과 가까운 관계를 가졌던 의원
: 그러한 관계가 공공 연구 기관에 소장되었거나 소장되었으리
라고 생각되는 보완적인 기록을 만들어내었다면, 그 관계는 특
히 중요하다.

■ 특정 정치적 혹은 사회적 철학, 이익집단, 쟁점과 밀접하게 관
련이 있는 의원

■ 내용의 품질에 영향을 미치는 조건들

이는 기록을 조사하고 인수하는 초기 단계에 확인하기 어려운 특
성일 수 있다. 그 판단은 항상 주관적이다. 그럼에도 컬렉션의 구성
과 기록철의 제목을 조사하면, 전반적으로 아래에 나열된 요소들을
어느 정도까지 적용할 수 있을지 드러날 것이다. 아키비스트가 기록
의 출처나 매체에 상관없이 모든 기록철을 한꺼번에 조사할 수 있다
면, 업무처리 과정에서 해당 의원의 역할을 기록 컬렉션의 어느 부
분이 잘 나타내주는지에 관해서 내용의 품질을 가장 잘 평가하여 예
비 결정을 내릴 수 있다.

■ 기록철의 전체 범위와 종류로 판단했을 때 의원실의 운영과 유
권자와의 상호 작용에 대한 종합적인 시각을 제공하는 컬렉션
: 일반적으로 아키비스트가 전부 보존할 필요가 없는 기록철 종

류에는 부처, 위원회, 일반/주제, 입법/법안, 언론/홍보, 선거구 활동, 이슈/유권자 서한, 알파(alpha)/통제, 그리고 초대장/계획표/연설문 등이 포함된다.

■ 주요 보좌직원의 기록철, 선거 운동 기록철, 그리고 "개인" 기록철 등 의원실 운영과 의원들의 활동을 드러내는 부수적인 기록철을 포함하는 컬렉션

■ 의원 고유의 이력과 정치적 관계에 대한 측면을 반영하는 컬렉션

■ 의원의 이력 중 비의회적인 구성 요소에 대하여 다량의 기록을 포함하는 컬렉션

■ 의원이 관심을 가지고 참여했던 것으로 알려진 주제에 대한 상당한 양의 서한이나 배경 자료를 포함하는 컬렉션
  : 다른 곳에서 쉽게 볼 수 없는 타자로 친 원고와 최종교정본은 특히 귀중하다.

■ 중요한 위원회, 소위원회, 정당 간부회의, 태스크포스, 심사기구 등에서의 의원 활동을 기록하거나 표현하는, 또는 그러한 기구들의 활동 범위와 관련된 주제에 대한 다량의 기록철을 포함하는 컬렉션

■ 오랜 기간 모아진 컬렉션
  : 시간과 양 그 자체가 가치의 척도가 될 수는 없지만, 하나의 컬

렉션이 긴 기간에 걸쳐 있을수록 해당 컬렉션 속에 시간의 흐름에 따른 이슈의 진행, 유권자들의 조건과 관심사의 변동, 그리고 의원의 정치 철학과 실천의 변화 등과 같은 요소들이 반영될 가능성이 높다. 또한 양을 줄이면서도 연속성을 유지하기 위한 샘플링 과정에도 작은 컬렉션보다 큰 컬렉션이 더 타당할 수 있다.

■ 의원의 개인적 또는 공식적 기록 중 일부가 다른 기록보존소에 이관되거나 위탁되지 않은 경우

■ 관리 능력(manageability)에 영향을 미치는 조건들

일부 구조적 요소들은, 하나의 컬렉션이 보다 손쉽게 (1) 의미 있는 부분들로 조직화되고, (2) 필요 없는 양을 줄이면서도 증거적, 정보적 가치를 보존하는 평가와 제거가 이루어지며, (3) 이후의 이용자들에게 효율적으로 이용이 제공되고, (4) 장기적으로 보존될 수 있는지에 영향을 미친다. 컬렉션이 접수된 직후에 잘 조직화될수록 처리를 지원하기 위한 추가 비용이 크게 증가하게 될 가능성이 낮아진다는 점에 유의할 필요가 있다.

■ 구성요소들이 잘 정의되고 정리되어 있는 컬렉션

■ 샘플링하거나 대량으로 제거할 수 있는 시리즈들이 중요하거나 다양한 겨우, 또는 평가하기 어려운 시리즈들로부터 쉽게 구분

되는 경우

■ 일상적인 유권자 메일에 대한 자동 생성 답변들의 색인이나 요약문뿐만 아니라 본문이 존재하는 경우. 기록보존소의 기술(technology)로 이용 가능한 포맷으로 존재하는 경우

■ 임의로 편철한 종이 또는 마이크로필름 형태의 서한에 색인, 목록, 또는 다른 접근 도구들이 함께 있는 경우

현용 의원실 기록에서 보존기록 컬렉션으로 전환하는 데는 시간이 걸린다. 빌 클린턴 대통령 시대에 국방장관이었던(1997-2001) 메인(Maine) 주 상원의원 윌리엄 코헨(William Cohen)(좌)이 언론인 밥 우드워드(Bob Woodward)와 함께 처리된 그의 컬렉션에서 기록을 살펴보고 있다.

사진은 메인 대학교(University of Maine) 레이몬드 H. 포글러 도서관(Raymond H. Fogler Library)의 허락을 받아 사용함.

- 사무 자동화 시스템을 통해 생산된 기록이 시스템적으로 색인, 목록되거나, 선정하여 출력된 경우. 파일 코드와 절차 매뉴얼을 포함한 시스템 기록화가 가능한 경우

- 사진이나 테이프 레코딩 등 종이 외의 매체가 확인되어 날짜가 기입되고, 체계적으로 편철하거나 색인된 경우

- 영구 보존될 기록이 정해진 품질 기준을 충족시키는 종이 또는 다른 매체로 유지된 경우. 종이 외의 매체가 충분한 기록보존 환경 하에서 다루어지고 보관된 경우

2. 의회기록보존소 모델

의회기록 컬렉션, 특히 보다 큰 의회기록컬렉션은 그 컬렉션의 특수한 요구를 관리할 수 있는 기록보존소에서 관리하여야 한다. 아래에는 이상적인 의회기록컬렉션 프로그램을 적절하게 운영하기 위해 필요한 기준을 나열하였다. 특정 기록보존소가 의회기록컬렉션을 보다 넓은 범위의 수집 정책의 한 부분으로서 수집하는지, 아니면 입법기록을 위한 특별 프로그램을 개발하고자 하는지 등에 관계없이 아래 기준들 중 상당수에 부합해야 한다. 그러나 각 컬렉션, 지역, 기록보존소의 특성을 고려한다면 모든 기준을 만족하는 기록보존소는 거의 없을 것이다.

■ 관리 기준

① 수집 정책

기록보존소는 입법부 기록 및 그와 연관된 부수적인 컬렉션을 수집하는 데 있어 우선순위를 정하는 공식적인 수집 정책을 가지고 있어야 한다. 중요한 가치를 가지는 연관된 컬렉션의 예로는 정당 기록 및 핵심 직원, 낙선자, 특별한 이익 집단, 정치 저널리스트와 만평 작가, 정치학자, 그리고 정치 컨설턴트 등의 기록이 포함된다. 더 많은 지침은 1992년 상원에서 출판된 『의회의 기록화』(*The Documentation of Congress*)에서 찾아볼 수 있다.

② 중요한 자원: 직원, 예산, 설비

의회기록컬렉션의 처리, 보존, 그리고 참고봉사 서비스조차 비용이 많이 들고 노동 집약적인 경향이 있다. 기록보존소의 예산은 이러한 요구를 해결하기에 충분한 경우가 거의 없다. 이러한 큰 규모의 컬렉션이 기록보존소와 그 직원들에게 부과하는 요구사항들을 다루기 위한 자원을 공급하려면, 보통 기증자 또는 기록보존소에서 기금 모금을 할 필요가 있다.

기록보존소는 영구 보존에 적합한 수준으로 다량의 컬렉션을 보존하기에 충분한 공간을 보유해야 한다.

현대 정치 분야의 컬렉션에 대한 기록보존 작업에는 적절한 수의 전문적으로 훈련받은 직원이 필요하다. 이들은 입법·정치 과정에 대한 경험과 지식을 가지고 있고, 과거와 현재의 정부 및 정치 분야 연구 동향에 익숙하다. 컬렉션을 처리하기 위해 특정 기간 동안 자격을 갖춘 "전문계약직 아키비스트(project archivist)"를 고용할 수도 있다.

기록보존소는 새로 입수한 기록을 컬렉션 전체에 대한 지적 통제가 가능한 수준으로 신속하게 처리할 수 있는 능력을 갖추고 있어야 한다.

컬렉션에 대한 기술(description)은 해당 컬렉션에 별도로 존재하는 요소들에 대한 접근을 용이하게 할 수 있어야 한다.

기록보존소에는 연구자들에게 전문적인 열람 지원을 제공할 수 있는 직원이 있어야 한다.

③ 지속적인 컬렉션 개발과 확장 서비스 활동

현대 정부와 정치를 기록하기 위해서는 기존 컬렉션에 (기록을) 추가하거나 이미 소장하고 있는 것 외에 새로운 컬렉션을 만들려는 적극적인 수집 프로그램이 필요하다. 또한 기록보존소는 기록을 보완하고 소장 자료를 활용하여 연구를 흥미롭게 만들고 촉진하기 위해 전시회나 세미나 등 확장 서비스 프로그램뿐만 아니라 주요 참고

자료 및 2차 자료를 가지고 있어야 한다. 그러한 프로그램의 예에는 구술사 프로젝트, 연구와 여비 보조(travel grant), 그리고 교육 프로그램 등이 포함된다.

■ 기록보존소를 위한 체크리스트 모델

- 수집 정책은 의회기록컬렉션을 특정 관심 분야로 구체화한다.

- 광범위한 수집 정책에는 부수적인 컬렉션 또한 수집 우선순위에 포함시킨다.

- 기록보존소와 기증자 간의 빠르고 지속적인 의사소통은 의회기록컬렉션의 이관과 관리 전반을 계획하는 데에 도움을 준다.

- 지속적인 구술사 프로그램은 문서 기록을 보완해주며, 녹음, 녹취록 작성, 보존, 그리고 이용과 관련해서는 구술사협회(Oral History Association)의 표준 지침에 따른다.

- 이 프로젝트에 참여하는 아키비스트 중 한 명 이상은 이전에 전문적인 기록관리 훈련을 받고 최소한 하나 이상의 의회기록컬렉션에 대한 기록보존 작업에 참여한 경험이 있다.

- 직원의 수는 그 프로젝트의 계획 단계에서 결정한, 적정한 기간

동안 대량의 컬렉션을 처리하기에 충분하다.

■ 대량의 컬렉션을 입수, 보관, 처리하기 위해 필요한 적절한 공간이 존재한다. 보관과 처리를 위해 배정된 공간은 (최종이 아니라) 처음의 컬렉션의 규모에 맞아야 한다.

■ 직원들은 의회기록컬렉션에서 전형적으로 발견되는 종이, 전자, 그리고 기타 다른 유형의 매체를 보관 및 보존할 수 있다.

■ 직원들은 연구자들에게 전문적인 참고 서비스를 제공할 수 있다.

■ 직원들은 의회기록컬렉션에 대한 연구를 촉진하기 위해 공공 프로그램과 확장 서비스 활동을 제공한다.

■ 보다 큰 조직의 일부인 의회기록보존소는 해당 조직 내에서 뚜렷한 특징을 가지고 있다.

■ 직원들은 다른 기록보존소에서 소장하고 있는 입법 관련 기록에 대한 광범위한 지식을 가지고 있다.

■ 직원들은 SAA의 의회기록원탁회의, 하원 역사·보존국(House Office of History and Preservation), 상원 역사국(Senate Historical Office), 그리고 NARA 입법부아카이브센터(National Archives Center for Legislative Archives)에서 전문적인 지원과 조언을 적절하게 받을 수 있음을 알고 있다.

■ 직원들은 다른 의회기록보존소들과 전문적인 업무 협조관계를 가지고 있다.

■ 기증자를 위한 체크리스트 모델

의원실의 보좌직원들이 생산한 기록을 포함하여 의원실에서 생산된 모든 기록은 의원의 개인 재산이다. 의원들은 자신이 가장 적절하다고 생각하는 방식으로 그 기록을 처분할 자유가 있다. 특정 의원이 기록을 어디에 둘 것인지 결정하는 데에는 많은 요소들이 고려된다. 아래의 체크리스트는 의원들이 자신의 기록을 기증할 기록보존소를 고르는 데에 도움을 줄 것이다.

■ 기록보존소는 기증자에게 편리한 위치에 있어야 한다. 가능한 위치는 워싱턴 D.C. 근방, 의원의 선거구나 출신지, 기증자의 거주지 근방, 혹은 기증자의 모교 등이 될 수 있다.

■ 기록보존소는 연구자들에게 편의성을 제공해야 하며, 공공 서비스와 연구자들의 이용을 위해 정규적인 개관 시간이 있어야 한다.

■ 기록보존소는 크고 복잡한 공공기록 및 개인기록 컬렉션, 더 바람직하게는 의회기록컬렉션을 관리해본 경험이 있어야 한다.

- 기록보존소는 컬렉션을 보관하기 위한 충분한 공간을 가지고 있어야 한다.

- 보관 공간은 기록 보존 환경 조건 표준을 충족해야 한다. 연간 화씨 70도(±2도, 섭씨 약 21도 전후), 상대습도 50%(±5%).

- 기록보존소는 탄력적으로 인력을 지원할 수 있어야 하며, 해당 프로젝트를 맡고 있는 아키비스트가 책임지고 있는 다른 업무를 무시하지 않을 수 있도록 지원할 수 있어야 한다.

- 기록보존소는 보존 시설을 경내 또는 근방에 가지고 있어야 하며, 컬렉션을 보존하기 위해 필요한 조치를 취할 준비가 되어 있어야 한다.

- 기록보존소는 컴퓨터로 생산된 기록을 관리하고 보존하기 위한 시설을 갖추어야 한다.

- 기록보존소는 비밀해제 절차에 대해 숙지하고 있어야 하며, 민감한 자료나 비밀 자료를 적절하게 다룰 수 있어야 한다.

- 기록보존소는 일단 어떤 컬렉션이라도 이관되고 난 후에는 기증자에게 참고열람 서비스를 제공할 수 있어야 한다.

- 기록보존소는 신속하게, 프로젝트의 설계 단계에 만든 작업 계

획에 맞추어, 컬렉션을 처리하여 연구 목적으로 이용 가능하도록 만들어야 한다.

■ 기록보존소는 컬렉션이 이용될 수 있도록 적절한 방식으로 홍보해야 한다. 여기에는 컬렉션을 국립 데이터베이스에 등록하기, 전문서적으로 컬렉션 출판하기, 그리고 의회기록을 관리하는 동료들에게 알리기 등의 활동이 포함된다. 또한 홍보에는 지역 언론에 보도자료를 배포하고, 전시회를 열거나, 연구를 위해 컬렉션 이용이 가능해졌을 때 오프닝 축하 이벤트를 여는 등의 활동도 포함된다.

■ 의원직에 재직하는 동안, 의원은 의원실 기록이 하원 및 상원에 의해 만들어진 지침을 지키는 방식으로 관리·보존될 것을 확실히 해야 한다.

■ 기증자와 기관 양쪽 모두의 기금 모금 의무는 기증서 협상 초기 단계에 논의해야 한다. 기증자와 기록보존소의 기대를 충족시키고, 적시에 자료를 온라인으로 접근할 수 있도록 제공하며, 기록보존 표준을 충족시키는 한편 전시 및 기타 프로그램 활동을 지원하기 위해서는 프로젝트 비용을 충당하기 위해 외부로부터 기금을 모금하는 것이 성공의 핵심이다. 종종 기증자 또한 컬렉션의 이용자가 될 수 있으므로, 기증자는 (기록의) 기술(description), 정리, 그리고 보존의 수준이 기금의 수준과 직결되어 있음을 인지해야 한다.

■ 기증서에 대한 협상은 기록을 이관하기 전에 이루어져야 한다.

기증자와 좋은 관계를 유지하는 것은 기록이 입수되기 이전부터 진행되어야 하며 그리고 그 이후에도 중요하다. 하원에서 34년간 재직한 리 해밀턴(Lee Hamilton) 의원이 인디애나 대학 릴리 도서관(Indin University's Lilly Library)에서 자신의 컬렉션에 관한 전시를 살펴보고 있다. 켄달 리브스(Kendall Reeves) 촬영.

사진은 인디애나 대학 릴리 도서관의 허락을 받아 사용함.

제2장

의회기록컬렉션의 관리

제2장 의회기록컬렉션의 관리

1. 비용, 공간, 인력, 예산의 산출

의회기록컬렉션의 수집 및 처리 계획의 중요성은 과소평가되어서는 안 된다.

의회기록컬렉션 수집을 위한 협상은 대체로 기관의 상위 행정계층에서 이루어진다. 이런 협상은 기관 아키비스트의 조언을 조속한 시점에 받아들여서 하는 것이 가장 현명하다. 그러한 실제적인 자문은 기증자와의 약속을 지킬 수 있도록 하고, 그 약속을 지키는 데에 필요한 인력과 기금을 확보할 수 있도록 보장한다.

의회기록컬렉션은 방대하다. 의원실은 매년 100리니어피트 정도의 종이기록을 생산한다. 또한 이 컬렉션에는 종이기록 외의 다양한 형태의 기록이 상당량 포함되어 있으며, 그중 일부는 열람·보존을 위해 특수한 장비를 필요로 하며 일부는 특수한 보존 조건이 요구된다. 컬렉션을 처리하기 전과 처리하는 중의 보존에는 특정 온도와 습도 조건을 갖춘 상당한 공간이 필요하다.

이러한 컬렉션들을 처리하는 데에는 많은 비용이 소요된다. 2007년, 의회기록원탁회의 구성원들은 의회기록컬렉션의 수집, 처리, 보존에 드는 비용 범위를 리니어피트당 150~350달러로 추산했다.

박스당 소요되는 실질적인 비용은 지리적 위치, 컬렉션 처리를 돕는 학생 근로자 사용의 적합성, 종이 외의 기록의 양과 형태, 기록보존소 입수 시점의 컬렉션의 전반적인 상태에 달려있으며, 이 비용에는 전자파일의 매체를 전환하거나 보존하는 비용, (종이 또는 전자) 검색도구를 준비하는 비용이 포함되어 있다.

모범 실무

기록보존소 관리자들은 잠재적 기증자와 만나거나 의회기록컬렉션 수집 공간을 확보하기 전에 다음 사항들을 고려할 필요가 있다.

■ **관리를 위한 체크리스트**

- 서면으로 된 컬렉션 개발 정책이 기관에 있는가?
- 기관의 수집정책에 이 컬렉션이 적합한가?
- (처리작업 이전의) 컬렉션이 얼마나 방대한가?
- 컬렉션을 옮겨오기 전에 최소한 한 명 이상의 아키비스트가 의

원실 직원과 상담하고, 컬렉션을 조사하기 위해 최소한 한 번 이상 워싱턴 D.C. 의원실에 방문할 수 있는 충분한 자금이 있는가?

- 컬렉션을 보관하기 위해 어느 정도의 공간이 필요한가?
- 컬렉션이 처리과정을 거치기 전까지 얼마나 오래 보관되어야 하는가?
- 컬렉션을 처리하기에 공간이 충분히 크고, 안전한가?
- 컬렉션을 보관하기 위한 (산화방지 상자나 폴더 등의) 공급 비용은 얼마나 되는가?
- 컬렉션을 처리하는 일에 얼마나 많은 직원과 어느 정도 직급의 직원이 필요한가?
- 의회기록컬렉션을 처리하거나 관리한 경험이 있는 아키비스트가 직원 중에 있는가?
- 컬렉션을 처리하기 위해 전문계약직 아키비스트 등의 추가 직원을 고용해야 하는가?
- 임시 대학원생 보조원 또는 다른 계약직원의 지원을 받을 수 있는가?
- 컬렉션을 처리하거나 관리하기 위해 추가적인 직원 교육이 필요한가?
- 컬렉션 안에 기록보존소의 다른 부서가 관리를 도와야 하는 (전자기록물이나 사진 같은) 특별한 자료가 있는가?
- 인쇄 형태의 검색도구 또는 전자 매체의 인코딩(encoding) 및 마운팅(mounting)을 준비하는 비용은 얼마나 되는가?
- 기증자가 공개일에 대한 개인적인 일정이나 계획을 갖고 있는가?

- 기증자가 전시나 출판, 특별한 확장서비스를 기대하는가?
- 기증자가 처리 비용을 지원하기 위한 기금 모금을 도울 수 있는가?
- 의원 개인이나 업무 기록의 일부가 다른 기록보존소로 이동되지는 않았는가?

2. 지속가능성과 외부 기금원

일반적으로 의회기록컬렉션은 수집 비용이 안 드는 데 반하여, 컬렉션의 크기나 컬렉션을 포함하는 매체의 다양성으로 처리나 보존을 위한 비용은 많이 소요된다. 기록보존소에서 의회기록컬렉션과 관련된 비용을 부담하기 위해 외부 기금을 마련하는 것은 당연한 일이다.

상·하원 규칙은 의원들이 임기 중에 모금 활동을 어느 정도까지 할 수 있는지 규정하고 있다. 다음의 질문들은 일부 기관의 성공 사례로부터 도출한 것으로, 기금 옵션을 조사하는 데 도움이 된다.

■ 기금 옵션

- 의원이 임기 중이라면, 컬렉션이 기록보존소로 이동되기 전에 가능한 범위 내에서 조사 및 조직화하고 선정할 수 있는 풀타임

또는 파트타임 전문 아키비스트가 그 의원실 직원으로 추가 배치될 수 있는가?

이 옵션을 통해 자료의 이동량을 줄이는 한편, 기록보존소 직원들이 지역 사무실과 워싱턴 D.C 의원실로부터 받은 기록철을 조직하고 자료를 상호 연관시키는 데 도움을 받을 수 있으며, 컬렉션의 예비 인벤토리(보유현황 목록)도 제공받을 수 있다.

■ 기록보존소에서는 의원실의 기록철을 조직하거나 조사하는 것을 돕고, 효율적인 사무실 관리와 자료의 원활한 이송을 위해 의원실 소속 아키비스트 또는 의회 자문 아키비스트 방문에 자금을 지원할 수 있는가?

■ 의원 임기 중에, 의원실에서 이용할 수 있는 컬렉션을 조직하거나 보존하는 것을 지원하는 상·하원 서비스가 있는가?
이 서비스에는 사진, 마이크로그래픽(Micrographic), 전자자료와 관련된 서비스를 포함한다.

■ 의원이 기록보존소에 잠재적 기금 연락처 목록을 제공할 수 있는가?

■ 의원이 기금 모금행사를 개최할 의지가 있는가?

■ 의원이 컬렉션 처리 비용을 부담하기 위한 캠페인 기금을 기록보존소에 기부할 것인가?

- 기록보존소는 해당 컬렉션 처리를 위해 예산을 우선적으로 배정할 수 있는가?

- 동창회나 기록보존소 친선그룹이 이 프로젝트를 지원하는가?

- 대학원생들이 컬렉션 처리를 보조할 수 있도록 프로젝트 기반 기금으로부터 재정지원을 받을 수 있는가?

오늘날의 의회기록컬렉션은 일반적으로 광범위한 기록 형태를 포함한다. 시청각, 전자기록들에는 1977년 1월 3일부터 2005년 1월 3일까지 미주리주 하원 대표였던 리처드 게파드트(Richard Gephardt)의 문서가 포함되어 있다.

사진은 캐리 호튼(Cary Horton) 촬영, 미주리역사학회(Missouri Historical Society)의 허락을 받아 사용함.

3. 수집

세간의 이목을 끄는 컬렉션을 보유하면 많은 이점이 있다. 반면 위험 요소도 있다. 일단 기록보존소에서 특정한 의회기록컬렉션의 수집을 시도하기로 결정하면, 기록보존소는 보다 신속하게 움직이고, 의원 및 워싱턴 D.C., 주/지방 사무실 등과 강력한 업무관계를 구축하기 위해 모든 노력을 기울여야 한다. 주 내의 모든 의회기록 컬렉션을 수집할 수 있는 기록보존소는 거의 없다.

기증자의 편의를 도모하는 동시에 그 컬렉션들이 가장 잘 취급될 수 있는 장소에 배치된다는 확신을 주기 위해 기록보존소들이 공동으로 작업하고, 동일한 컬렉션을 위해 경쟁하지 않는 것이 좋다. 박물류와 기념품류는 더 많이 이용되고 적합한 전시에 사용될 수 있도록 공공 도서관이나, 역사협회, 박물관 등의 기관으로 옮길 수도 있다.

최초로 연락할 때 기관의 수집 정책과 관련하여 해당 컬렉션의 수집에 대한 적합한 상황을 만들어야 하고, 기증자가 컬렉션 관리와 서비스를 위한 기관의 능력을 신뢰할 수 있도록 해야 한다.

■ 기관의 책임

- 컬렉션을 보완하는 기술(describing)과 수집 정책의 공유로 영구적인 의회기록컬렉션에 대한 기록보존소의 적합성을 확립한다.
- 이용가능한 기록보존소의 인적 자원, 시설, 용품에 대해 설명한다.
- 컬렉션 접근, 연구지원 서비스에 대해 개괄적으로 설명한다.
- 의원과 의원실 직원이 역사적으로 중요한 기록을 더 잘 보존하기 위해 의원 재직 기간 초반에 이런 결정을 할 수 있도록 확약한다.
- 역사적인 가치가 있는 기록을 식별하고 보존하기 위해 기록보존소가 심사숙고한 계획을 가지고 있으며, 그 계획이 임기 중 업무처리를 방해하지 않고 효율적으로 업무를 처리하는 데 기여하리라는 점을 입증한다.
- 의원이 기록보존소에 본인의 기록을 보관할 것을 결정하는 데에 기증서가 필요하다는 사실을 언급한다.

■ 초기 작업

기록보존소의 아키비스트는 가능한 한 신속하게 그리고 가능할 때 언제든지 의원이나 의원실의 보좌직원을 만나야 한다. 최초의 방문은 지방의 사무실일 수 있지만, 적어도 한번은 워싱턴 D.C.의 의원실에 방문할 필요가 있다. 연락해야 할 주요 직원은 의원실 수석 보좌관, 입법보좌관, 의원실 관리자이다. 그들은 의원실에 대한 최고의 종합지식과 의원실 내의 기록관리 실무를 실행할 권한이 있다. 현지 방문이 가능하지 않다면, 전화나 이메일을 통해 정기적으로 소통해야 한다. 의원 임기 초반에 의원의 기록을 어떻게 할지에 대해 결정하고 위임하는 것은 의원과 기록보존소 양측에 모두 유리하다.

■ 의원의 편익

- 기록보존소 아키비스트들은 기록의 분류·편철 방법 등 기록관리 실무와 관련하여 의원실 직원에게 유용하고 시간과 비용을 절약할 수 있는 조언을 해줄 수 있다.
- 기록보존소의 평가지침은 의원실 직원이 보존가치가 있는 기록을 관리하고 인식할 수 있게 도움을 줄 것이며, 의원실에서 더 이상 사용하지 않는 사본 또는 역사적 가치가 없는 기록 등 많은 양의 기록(종이 또는 전자)을 모으지 않도록 도움을 줄 수 있을 것이다. 평가지침은 또한 부서의 기록철과 영구보존문서를 위한 보존 공간 문제도 해결할 것이다.
- 의원실 직원과 의원은 퇴임, 또는 낙선, 임기만료로 의원실 건물을 비워야 할 몇 달간 기록을 둘 임시 저장소를 찾지 않아도 된다.

■ 기록보존소의 편익

- 의원실 직원과 기록보존소 사이에 수년에 걸쳐 구축된 신뢰는 좀 더 민감하고 역사적인 가치가 있는 기록이 기록보존소로 이관될 수 있는 가능성을 높인다.
- 방문과 정보수집 인터뷰는 기록보존소 아키비스트가 의원실 직원의 지위, 역할, 기록 생산에 대한 직무상 책임에 대해 더 알 수 있도록 할 것이다.
- 특히 전자기록의 경우, 이 기록들이 임기 종료 시에 식별가능하고 접근 가능하도록 보장하기 위해 필요한 중요한 결정들에 영향을 미칠 수 있다.
- 의원 임기 종료 시에 기록보존소가 전체 컬렉션을 받게 되기보다는, 비현용 상태일 때 기록을 받을 가능성이 있다.
- (기록보존소와 의원실의) 관계는 기록보존소가 개발 활동을 할 때 의원이 도울 가능성을 높인다.

모범 실무

의원과 기록보존소가 의원 본인의 임기 초반에 의원 기록을 위임하고, 기록보존소의 아키비스트가 기록관리 실무에 대한 조언을 하며, 직원들의 책임 분배를 파악하기 위해 의원실에 정기적으로 방문을 한다.

4. 접근(ACCESS)

미국도서관협회와 SAA는 연구기록 원본은 모든 이용자에게 동일한 조건으로 접근이 가능해야 하며 기록보존소의 규칙이 모든 이용자에게 동일하게 적용·시행되어야 한다는 내용이 부분적으로 명시된 접근에 대한 공동성명을 작성한 바 있다. 공동성명에는 다음의 내용도 명시되어 있다. "기록보존소는 기록에 대한 접근을 거부하지 말아야 한다 … 기록을 독점적으로 이용하게 하거나 특권을 부여하는 것도 방지해야 한다 … 법, 기증자, 구매 규정에 따라 그렇게 하도록 요구되지 않는 한 모든 연구로부터 기록의 일부를 은폐하지 말아야 한다."

의회기록을 수집하는 궁극적인 목적은 연구자들이 기록을 가능한 한 시의적절하고, 공평한 방법으로 이용할 수 있도록 하는 것이다. 그러나 기록 이용에 대한 규칙을 통해 생존 인물의 비밀을 보호하거나, 민감한 정보를 보호하기 위해서 일시적으로 이용을 지연시킬 수 있다. 컬렉션 전체 또는 일부의 제한은 기증자나 기록보존소에서 결정한다.

> **모범 실무**
> 모든 기록의 처리가 완료될 때까지 비공개하고, 일부 선정된 기록은 기증서에 명시되거나 정의된 대로 좀 더 오래 비공개하도록 한다.

이는 기증자와 유권자의 개인정보를 보호하고, 민감하거나 비밀 문서로 분류된 기록이 유출되는 것을 방지하며, 양도된 기록을 적절히 재편철할 수 있도록 보장한다.

다만, 기증자가 요구했거나 기증서 상에 동의가 되어 있다면, 선별된 기록시리즈는 컬렉션의 해당 부분에 대한 처리가 완료될 때 공개하는 것이 실무적으로 허용된다. 전체 컬렉션이 공개되기 이전에 공개할 수 있는 선별된 기록시리즈의 예는 연설문, 보도자료, 사진 등이다.

기증서에는 기록보존소의 정규근무시간에 기증자 및 지정된 위임자가 해당 컬렉션에 접근할 수 있도록 하는 조항을 포함시킬 수 있다. 이러한 조항에 따라 의원 자신의 집필계획이나 연구에 대한 요구를 기록보존소에서 수용할 수 있도록 할 수 있다. 기증자는 본인의 현재 주소와 지명된 사람의 주소를 기록보존소에 알릴 책임이 있다. 기록보존소는 기증자에게 너무 많이, 너무 엄중하게 규칙을 적용하지 말아야 한다.

접근제한은 한시적이어야 하며, 기증서에 명백하게 규정되어 있어야 한다. 기증서에는 기록보존소 아키비스트와 직원들이 보존과 처리를 목적으로 기록에 완전히 접근하는 것을 허용하는 조항을 포함하고 있어야 한다.

> **모범 실무**
> 업무 처리 작업을 하는 아키비스트들이 비밀 또는 개인정보 등의 사유로 민감하게 취급되는 기록을 파악할 수 있도록 한다.

기록관리 실무표준에 따르면, 민감한 기록이 발견될 때 그 기록은 기증서에 명시된 방법에 따라 처리하거나 어떻게 처리할지 기증자에게 문의해야 한다.

기증서에 명시된 합의사항에 따라 공개됐던 기록이 비공개되는 경우는 드물다. 기증서는 통상적이지 않은 상황에서, 약정서와 비슷하게 양 당사자가 합의해야 수정 또는 재조정될 수 있다.

모든 컬렉션에는 의회, 정부부처, 의원 또는 뉴스미디어에 의해 일반에게 이미 알려졌기 때문에 제한할 필요가 없는 기록들이 포함되어 있다. 이 공공기록들은 법안 사본, 출판된 위원회 보고서, 상원과 하원의 보고서, 의회 본회의, 연설, 소식지, 신문기사, 선거운동용 인쇄물, 지방의 라디오 또는 TV 리포트 등이 해당된다. 이러한 기록의 대부분은 다른 정보원들, 특히 연방정부 기탁도서관 제도를 통해 이용할 수 있다. 하지만 그 공공기록이 제한된 기록들과 함께 섞여 있는 한 이들 기록에 대한 접근은 계속 제한되어야 한다.

▨ 일반적인 접근제한

▪ 기증자의 개인기록
일기, 개인서신, 메모를 포함한다.

▪ 생존하는 인물들의 개인정보를 침해하는 기록
민원사업(casework), 유권자 서신, 사관학교 지원서류, 직원 인사
기록, 고위공직자 임명, 사법상의 추천, 보직 임용과 관련이 있
는 기록을 포함한다. 일부 의원실은 이런 기록들을 이관하지 않
을 수도 있다. 개인정보보호에 대한 고려사항은 기록보존소에
서 관리하는 것보다 오랜 기간의 접근제한을 요구하기 때문에
일부 기록보존소에서는 이러한 종류의 기록들을 이관받지 않을
수 있다. 만약, 민원사업 기록철이 연구의 목적으로 공개된다
면, 연구자는 개인의 이름, 사회보장번호, 기타 개인 식별정보
등이 출판을 위해 사용되지 않으며, 통계적인 목적 또는 불특정
한 일화를 소개하는 목적으로만 정보가 활용될 것이라는 서면
계약을 해야 한다.

▪ 이관되기 전에 의원실에서 발견된 비밀 기록
국가안보기밀 기록은 법령에 따라 제한되어야 하므로, 특수한
방법으로 취급되고 이관되어야 한다. 상원 의원실은 상원을 위
한 비밀문서를 관리하는 상원 보안국에 연락해야 한다. 하원 의
원실은 NARA 정보보안감독국(Information Security Oversight
Office: ISOO)에 연락해야 한다. 정보보안감독국은 그 기록을 검

토하고 지정된 기록보존소로 보낸다.

- **이관된 이후 기록보존소에서 발견된 비밀 기록**
  비밀 기록이 부주의로 이관되었다면, 기록보존소는 NARA 정보
  보안감독국에 연락해야 한다.

- **비공개 협정**
  의원들은 간혹 유권자의 민원사업을 돕는 데 필요한 개인정보
  를 얻기 위해 행정부 기관과의 협정에 서명한다. 그 기록을 컬
  렉션에 보유해야 하는 경우 기증서에는 그러한 협정서의 규정
  들이 지속적으로 담겨 있어야 한다. 비공개 협정을 포함하는 기
  록이 처리 중에 발견되면, 기록보존소의 아키비스트는 보유와
  처분을 위해 이 기록을 사례별로 평가해야 한다.

- **위원회 기록의 사본**
  위원회 기록은 미국 의회 의원실 기록의 일부로 상원 또는 하원
  규칙이나 특별위원회 규정으로 통제한다. 하원 규칙에 따르면
  출판되지 않은 기록은 최소 30년 동안 비공개한다. 반면 상원
  규칙에 따르면 출판되지 않은 기록은 최소 20년 동안 비공개한
  다. 상·하원은 생존 인물의 개인정보, 수사정보, 국가안보와 직
  결된 모든 기록을 최소 50년 동안 비공개한다. 비공개 기록은
  위에서 언급한 연도가 만료되는 시점에 자동적으로 공개되는
  것은 아니다. 해당 기록을 관할하는 위원회에서 공개를 선언할
  때까지는 비공개 상태로 유지된다. 문의사항은 그 위원회의 서

기장(the chief of clerk)에게 안내받을 수 있다. 이에 대한 연락 정보는 위원회 웹사이트에서 찾을 수 있다.

위원회 기록의 원본은 위원회에 반환해야 한다. 위원회 허가 없이는 사본이 만들어져서는 안 된다.

의원이 개인 용도로 만들었을 가능성이 있는 출판되지 않은 위원회 기록의 사본은 원본 기록의 관리 규정을 적용한다. 사본은 원본이 이용을 위해 공개될 때까지 공개되면 안 된다.

- **손상되기 쉬운 기록**

  매우 가치가 높거나, 손상되기 쉽거나, 재포맷을 할 필요가 있는 기록들은 원본의 손상 없이 연구자들이 취급할 수 있는 상태가 될 때까지 접근을 제한하는 것이 바람직하다.

5. 기증서

의원이 본인의 기록을 기록보존소에 보관할 의도나 관심을 표현할 경우, 기록보존소에서는 법률 고문의 자문을 받은 기증서 초안을 의원에게 보내야 한다. 기증서는 기록보존소뿐 아니라 기증자의 요구도 만족시켜야 한다. 전형적인 기증서의 표준 요소에 대한 정보는 SAA를 통해 온라인으로 이용가능하다(http://www.archivists.org/publi

cations/deed_of_gift.asp). 기증서 샘플은 본서의 부록 C에서도 확인할 수 있다.

기록보존소는 대개의 경우 기증을 위한 기관 차원의 기증서 표준을 갖고 있다. 이 증서들을 의회기록컬렉션의 고유 특성에 맞게 조정하거나 요구를 반영하는 것이 일반적이다. 기록보존소 대표는 기증서가 기증자와의 협상을 필요로 하는 일임을 인식해야 한다.

기증자가 기증서에 서명할 때까지, 본인의 컬렉션을 기증하려는 의도를 표명한 편지는 철하여 보관해 두는 것이 유용하다.

기증서가 없는 오래된 의회기록컬렉션을 위해, 기록보존소 아키비스트는 기관의 법률 고문에게 자문을 구해야 한다. 이를 통해 기록보존소는 "고아(orphan)"* 컬렉션들에 대한 소유 정책을 수립할 수 있다.

기록보존소의 기증서 표준이 사용되거나 기관 고유의 기증서를 준비할 때, 해당 기증서에는 기록보존소의 책임사항과 기증자의 의도를 분명하게 만드는 데 필요한 세목들을 명백하게 명시하면서 아래의 요소들을 포함해야 한다. 기관 고유의 기증서는 기록보존소 법률 고문의 승인을 필요로 할 수도 있다.

---

* (역자 주) 저작자가 분명하지 않은 저작물을 '고아 저작물'이라 한다.

■ 기증서의 필수 구성요소

기증자

기증자는 기록에 대한 소유권을 가진 사람이어야 한다. 의회기록을 소유한 기증자는 의원이다. 고인이 된 의원일 경우에는, 의원 재산에 대한 유언집행자 또는 상속권자이다.

수령인

기록보존소로 수령인을 기재하는 것이 확실해 보일 수 있지만, 이름은 정확하게 작성해야 한다. 예를 들면, 주립대학 체제의 도서관들은 기증품을 해당 주에 양도하여 특정 도서관에 보관해야 한다. 대통령도서관에 보관된 기록들은 미국 정부에 양도되고 지정된 도서관의 컬렉션으로 보관되어야 한다. 수령 받는 기록보존소를 위해 담당자는 정확한 어법으로 규정해야 한다. 기록보존소의 표준 기증서 양식(또는 표준 증서에 기반한 사용자 정의 양식)을 사용하는 것은 관련 있는 지역과 주의 법령 및 제도적 관행을 필수적으로 참고할 수 있게 하는 이점이 있다.

소유권 이전

기록보존소에 기록의 물리적인 보관 권한만 넘기고 소유권은 기증자에게 그대로 남기는 경우, 이전 수단은 위탁증서가 된다(위탁증서는 72~73쪽 참고). 기록보존소는 아주 예외적인 상황에서만 기증자가 서명한 협의서 영수증을 받기 전에 기록을 물리적으로 이관하는 것에 동의해야 한다.

기록에 대한 기술(description)

기증된 기록에 대한 기술은 가능한 구체적이어야 하며, 기증서에 부록으로 첨부될 수 있다. 이는 연방기록센터(Federal Records Center)에서 파일 저장을 위해 사용하거나 사무실 관리자의 기록철에서 일반적으로 발견되는 「국립기록보존소 SF 135」 형태의 공문서처럼 간단할 수 있다.

이용 제한 기록

일부 의원들이 기록보존소에 아무 제한 없이 자신의 기록이 이관되기를 원한다면, 해당 컬렉션은 이관 절차가 마무리되자마자 연구자들을 위해 공개될 수 있다. 통상적인 기록관리 실무와는 달리, 한정된 기간 동안 선정된 기록 시리즈를 제한하는 것은 의회기록을 위한 기증서에서는 관례적이다.

제한 사항은 특정한 유형의 기록이나 정보 또는 지정된 시리즈 등 모든 기록에 적용될 수 있으며, 지정된 기간 동안으로 한정될 수 있다.

접근제한은 민감한 기록을 보호할 뿐 아니라, 생존하는 인물을 명예훼손, 위협, 상해, 곤경으로부터 보호한다.

기록보존소는 기관 내의 모든 컬렉션을 다루는 표준접근정책을 가지고 있어야 한다. 기록보존소는 기증자가 그들의 규정을 이해할 수 있게 만들고, 일반적인 접근정책과 함께 제한사항들이 양립하고 있음과 그 수용가능성을 설명해야 한다.

위원회 기록의 사본은 미국 상원과 하원 규칙에 규정으로 명시되어 있어 이에 따라 통제되고 있다(62쪽, 165~167쪽 참고).

기증서에는 기록보존소 아키비스트와 직원들이 보존과 처리를 목적으로 기록에 완전히 접근하는 것을 인정한다는 조항이 포함되어 있어야 한다.

다음 기록은 대체로 접근제한을 적용한다.
- 기증자의 사적인 기록
- 생존하는 인물의 개인정보를 침해하는 기록
- 비밀 기록

- 비공개 협정문
- 위원회 기록의 사본
- 손상되기 쉬운 기록

제한 기간

제한은 가능한 한 짧은 기간으로 설정해야 한다. 의원의 커리어 계획(career plan)과 나이를 고려해야 한다. 갈수록 어린 나이에 의회로 선출되는 의원들이 많아지고 있으며, 이들은 공직사회에 수년 동안 진출하고 퇴임할 수 있다. 그들은 다른 관심사를 추구하기 위해 비교적 젊은 나이에 은퇴하거나, 왕성한 활동을 남기기 이전에 낙선할 수도 있다.

의원실을 떠날 때 젊은 의원들은, 민감한 기록에 대한 접근이 은퇴 나이를 고려하여 그만 두는 의원들보다 좀 더 오랜 기간 동안 제한되기를 바란다. 공공부문에서 다른 직업을 구해서 의회를 떠나는 의원들은 그들의 기록을 자유자재로, 직접적으로 접근하도록 허용하는 것을 주저할 수밖에 없다.

다음은 접근제한을 위해 고려해야 할 선택사항이다.

- **기증자 사망 시 공개:** 기증자가 비교적 젊은 나이에 의회를 떠난다면, 여러 해가 될 수 있다. 반대로 기증이 된 후 얼마 되지 않아 사망한다면, 민감한 기록이 일찍 연구자들에게 이용가능하게 될 것이다.

- 기증자가 의회를 떠나거나 사망한 경우 특정 햇수가 지난 후에 공개. 둘 중 어떤 경우가 먼저이든, 어떤 기간이 더 길든, 기증자의 희망에 따름: 그 햇수는 5년 이하일 수도 있지만, 보통 10년, 15년, 20년, 25년 동안 제한하는 것이 일반적이다. 추가적인 제한은 비밀기록에 적용할 수 있다.

- 기증자가 공직을 떠나고, 특정 햇수가 지난 후에 공개: 이는 의회를 떠나 다른 공직을 맡는 의원들에게 합리적인 대안이다. 몇년 동안일지는 합의할 수 있지만, 연방공무원 기록에 대한 국립연구위원회(공공기록위원회)[the National Study Commission on Records and Documents of Federal Officials(the Public Documents Commission)]는 그 제한이 의원이 공직을 떠난 시점부터 15년을 넘지 않도록 권장한다.

- 각각 다른 기록에 상이한 접근제한을 설정하는 것: 연구 요구를 수용해야 하긴 하지만, 기록을 관리하기 위해서는 시간이 소요된다.

- 점진적인 접근: 기록철은 기록이 생산된 날짜에서 특정 햇수가 지난 이후에 순서대로 공개된다. 이 제한도 관리하기에는 어려움이 있다.

기록의 처분

기증서에는 다음과 같은 조항이 포함되어 있어야 한다.

- 정기간행물이나 사진 등의 기록에 대한 이관은 그에 적합한 관리와 보관을 할 수 있는 기록보존소의 다른 부서에서 하도록 인가해야 한다.

- 서가 공간의 절약과 기록을 더 좋은 상태로 보존하기 위하여 기록보존소가 기록의 포맷을 다시하거나 보존용으로 매체전환을 처리하는 것을 허용해야 한다.

- 접근제한에 대한 관리가 구체적으로 명시되어야 하고, 이는 새로운 형태의 기록에도 적용할 수 있어야 한다.

- 복제본 또는 영구적인 역사적 가치가 없는 기록은 처리과정 동안 컬렉션에서 추려낸 후, 표준기록관리실무에 따라 이 기록을 기증자에게 돌려줄지, 폐기할지, 이관할지에 대하여 기록보존소가 재량권을 갖도록 명시한다.

저작권

「1976년 저작권법」(17 U.S. Code)에 따르면 공무원이 공식적인 임무를 수행하는 동안 생산된 기록에 대한 저작권은 없었다. 그러므로 의원이나 그 의원실 직원이 입법 업무를 수행하는 중에 만든 컬렉션의 기록은 저작권에 의해 보호받을 수 없다. 공식적인 임무 중에 생산되지 않은 기록만 보호된다. 저작권의 보호를 받는 의회기록컬렉션 내의 기록은 의원이 되기 이전 또는 이후의 사적인 서류, 일기, 가족·친구와의 개인적인 서신, 선거운동자료, 그 밖에 개인적인 업무상·법률상의 기록들이다. 예를 들면, 입법 업무를 수행하면서 한 연설문은 저작권의 보호를 받지 않지만, 선거운동 중의 연설문은 보호를 받는다.

저작권 소유는 문서의 물리적인 소유 이전과 함께 자동적으로 옮겨지지 않는다. 기증서는 저작권(판권)을 기증자가 보유하도록 할지, 기록보존소에 즉시 이전되도록 할지, 기증자가 사망할 때 기록보존소에 이전하도록 할지, 기증자의 상속인에게 상속되도록 할지를 지정해야 한다.

컬렉션에는 기증자가 저작권을 정할 수 없는 기록 건들이 포함된다. 여기에는 공식적인 정부역할을 수행하지 않는 개인이나 유권자가 작성한 서신이나 기록뿐 아니라 참조파일에서 발견되는 간행물 사본이 포함된다.

기록보존소는 그러한 기록들이 웹사이트에 게재되거나 스캐닝되는 등의 방법으로 재생산되거나 출판돼서 저작권이 위반되지 않도록 관리해야 한다. 저작권이 기록보존소로 이전되지 않았다면, 기증서에는 저작권의 소유가 누구인지와 언제 어떤 조건으로 저작권이 이전될 것인지 등이 언급되어 있어야 한다.

컬렉션의 추가
차후에 새로운 기증서가 작성되는 것을 피하기 위해, 기증서에 해당 컬렉션에 대한 향후의 기증은 원래의 기증서와 같은 조건과 규약에 따라 다뤄질 것이라는 조항을 포함하는 것이 편리하다.

6. 위탁증서

위탁증서는 기록보존소에 물리적으로 컬렉션을 이관하지만, 소유권은 기증자에게 남기는 경우 사용한다. 위탁증서에는 기증자와 기록보존소 각각에 대해 구체적이고 정확한 책임사항이 신중하게 작성되어야 한다.

> **모범 실무**
> 위탁증서가 위탁자나 기록보존소 양측에 유익한 것이 아니라는 점을 명시한다.

일부 기관들은 컬렉션에 대한 위탁증서를 허용하지 않는다. 기록보존소는 소유하지 않은 컬렉션의 처리와 보존을 위해 자원을 이용하려고 하지 않기 때문이다. 그러나 컬렉션의 보존을 보장하기 위해 (의원의 갑작스러운 사망과 같은) 일부 상황에서는, 기록보존소가 영구적인 기증서에 대해 협의될 때까지 위탁증서를 받는 것에 동의할 수도 있다.

또한 1990년대 중반 이래, 세금 목적으로 연방 증여 및 상속세법에 대한 국세청 해석의 결과로 위탁증서의 사용이 증가하고 있다. 국세청 해석에 따르면, 기증자에게 기록에 대한 접근을 통제할 권한을 남길 경우, 이윤분할 증여가 발생하고 이에 따라 기록의 증여는 자선 공제가 부적격해지며 상당한 증여 및 상속 과세의 적용을 받게된다. 많은 의원들은 민감한 국가 현안과 유권자 문제와 관련이 있는 기록을 보호하기 위해 접근제한을 설정한다.

　일반 규정에 따르면, 평생 동안 부과되는 증여세는 기증자 사망이 발생한 시점에 증여세가 부과되고 증여 및 상속세로 양도된다. 증여 및 상속세 자선 공제는 자선단체나 비영리기관으로 재산가치가 이전되면 허용된다. 공제를 위한 재산 가치를 결정하기 위해 자격이 있는 감정인의 서비스를 받거나, 재산 가치를 결정하는 것은 기증자의 책임이다. 하지만 권리가 남아있는 증여는 일반적으로 이윤분할 증여에 따른 남용방지세목으로 의도하지 않은 피해를 받을 수 있다.

　이러한 최근의 상황에서, 기록보존소는 기록만을 이관하는 기증자에게는 접근제한을 적용하지 않을 것이고, 기증서에 의해서만 이관할 수 있도록 제안할 수 있다.

7. 대출

기록보존소 입장에서는 기증자에게 기록을 되돌려주는 형태의 대
출 조항이 기증서에 포함되지 않도록 노력해야 한다. 만약 그러한
협약이 기증서에 포함되어 있다면, 다음과 같은 사항을 명확히 할
필요가 있다.

- 대출신청 방법
- 대출 목적
- 대출 기간
- 포장, 운송, 보호수단(보험) 관련 책임소재 및 비용부담자
- 반납방법, 반납 시 포장, 운송, 보호수단 관련 비용부담자
- 대출자는 대출 기간 동안 이용하기에 안전하고 환경적으로 충
  분한 조건을 제공할 수 있는 조건을 제공할 수 있어야 함. 대출
  자의 자격, 대출기간 동안 기록을 이용하기에 안전하고, 환경적
  으로 온전한 조건을 제공할 수 있어야 한다.

8. 구술기록

구술기록은 역사학자와 아키비스트에게 컬렉션의 공백을 채워주고, 문서상의 기록을 보완할 수 있는 수단을 제공한다. 구술기록에는 주로 인간 기억력의 변화와 기억하는 것에 대한 타고난 성향, 사물을 구술자의 입장에서 편리하게 해석하는 등 몇 가지 문제가 있다. 하지만 다른 기록이 없거나 이미 있는 기록에 내용을 추가하는 경우, 개인적인 회고는 역사적 자원을 더욱 가치 있고 유용하게 한다.

면담자는 구술자(narrator)가 사건에 대해 자세하게 설명할 수 있도록 돕기 위해 컬렉션의 기록, 특히 문서와 사진 등을 이용할 수 있다.

의회와 기록보존소 직원은 중요한 법률의 제정, 법적 조치, 사건 등과 같은 주요 화제들을 구술기록을 위한 주제로 제안할 수 있다.

구술기록은 의원이 임기 동안이나 임기가 종료된 후에 의원에게 편한 장소에서 진행할 수 있다. 인터뷰는 일정 기간 동안 다양한 세션으로 수행하는 것이 가능하다.

구술기록은 상급 직원, 동료, 가족들과 진행함으로써 다양한 관점의 역사적 기록을 만들 수 있다. 특히 수년간 의원과 함께한 구술자들이 있다면 유익하다. 직원을 대상으로 한 인터뷰는 임기 중에 사망한 의원의 기록을 보완하는 데 도움이 된다.

　상원역사국은 상원의 고위 관리직과 구술기록을 수행하는 프로그램을 지속적으로 진행하고 있다. 전직의원협회(the Association of Former Members of Congress)에 의해 채록된 구술기록들은 의회도서관의 매뉴스크립드 부서에서 이용할 수 있다. 의회도서관은 참전용사 역사프로젝트(Veterans History Project)를 수행한 바 있으며, 프로젝트 사무실(http://www.loc.gov/vets/)에서 샘플자료 양식과 지침을 이용할 수 있다. SAA의 구술기록분과와 구술기록협회(the Oral History Association)는 구술기록 인터뷰를 진행하기 위해 출판된 지침이 필요한 사람들에게 유용한 전문가 집단이다. 이들은 참고문헌에 나열되어 있다. 구술기록협회는 부록 B의 전문가 네트워크섹션에서 찾아볼 수 있다.

　구술기록에 대한 접근 제한은 해당 컬렉션의 다른 부분과는 분리될 수 있다. 구술기록은 구술자와 면담자 모두에게 저작권이 부여된다는 점을 알아야 한다. 일부 다큐멘터리 구술기록 프로젝트에서는 저작권의 구속을 받지 않고 모든 이해당사자들의 요구에 맞추어 세심하게 접근조건을 보장하는 적절한 자료양식으로 설계가 가능할지 몰라도, 저작권 중 하나는 기록보존소에 속하도록 하기 위해서 면담자를 기록보존소의 대리인으로 하는 것이 좋다.

9. 기증자와의 관계 유지

의회서비스는 기증자의 길고 다양한 경력 중 일부일 수 있다. 많은 의원들이 젊은 나이에 의회에 선출되고, 나중에 다른 사업영역이나 공직으로 이동한다. 많은 의원들은 공공이나 민간영역에서 재직한 이후에 선출된다. 기록보존소에서는 기증자가 다른 지위에 있는 동안 생산한 기록 컬렉션을 관리할 준비가 되어 있어야 한다.

기증자의 컬렉션을 어떻게 취급하느냐에 따라 컬렉션 개발계획뿐만 아니라 금전적인 기부에 영향을 미칠 수 있다. 기증자는 본인의 컬렉션이 어떻게 관리되는지에 대해 민감하며, 기증자의 만족도나 관심사에 따라 같은 기관에 속한 다른 잠재적 기증자들이 그들의 믿음과 기록을 맡길 가능성에 중요한 영향을 줄 것이다.

기증자와 정기적으로 연락함으로써 컬렉션에 대한 추가 기증을 독려할 수 있다. 연락을 유지하여 기록보존소가 컬렉션을 관리하는 방법에 대해 기증자에게 신뢰와 만족을 갖게 한다. 또한 기록보존소에서 컬렉션과 관련하여 확인해야 할 문의사항에 대해 의사소통을 할 수 있도록 한다.

기록보존소에서는 기증자가 기증서를 작성하기로 확약하면 제때에 전문적인 방법으로 이행해야 한다. 여기에는 컬렉션에 대한 시의적절한 처리, 국가보안과 개인정보보호 문제 관련 기록에 대한 세심한 처리, 영구적인 역사 가치를 갖지 않는 기록에 대한 적절한 처분 등 기증자를 위한 신속하고, 정중한 참고서비스가 포함된다.

기관은 컬렉션의 일부가 전시용으로 사용될 때 기증자에게 알려야 하며, 컬렉션 이용을 위한 확장서비스나 교육프로그램에 기증자를 참여시키는 방안을 모색해야 한다. 그리고 기록보존소의 행사나 세미나에 기증자를 초대해야 한다.

제3장
기록의 이관

제3장 기록의 이관

1. 이관 계획 수립

의회 아키비스트에게는 '의원의 임기 종료일이 곧 아키비스트의 업무 시작일'이라는 통설이 있다. 의회기록컬렉션을 정기적으로 수집하는 기록보존소에서는 의원실과 지속적으로 접촉하기 위해 다양한 전략들을 개발해 왔다. 이 전략에는 동창회에 속해 있는 남녀의원이나 동창회가 있는 대학과 긴밀한 관계를 맺고 있는 의원들과 소통하는 방법이 포함된다. 여기에는 주 대표나 주 대표의 직원들에게 자신들이 생산하는 기록 유산(legacy) 및 그 중요성, 그리고 기록을 확실하게 보존하기 위해 필요한 절차에 관한 설명이 포함되고, 다른 업무로 의원들이 워싱턴에 머무는 동안 그들을 의원사무실에 방문하도록 정중하게 요청하는 방법, 기록보존소의 행사나 워싱턴에서 열리는 기록보존소 후원 행사에 의원들을 초대하는 방법 등이 있다.

세심한 의원들은 재임 기간 초반부터 기록보존소와 협력한다. 그들은 기록보존소의 기록관리 직원이 의원실의 기록철 관리에 대해 권고하는 사항들을 기꺼이 받아들인다. 일부 다선 의원들은 영속적인 가치가 있는 기록철과 자료들을 정리하고 관리하기 위해 정보관리 기술(skill)과 테크닉에 대한 전문성 있는 전문 아키비스트를 의원실 직원으로 채용하기도 한다.

하지만 실제로는 업무의 최종 산출물인 기록에 대한 관리 방안을 심사숙고하는 의원과 의원실 직원은 거의 없다. 한 의원실과 수년에 걸쳐 작업할 수 있다면 그 기록보존소는 운이 좋은 것이다. 종종 이관을 위해 필요한 기간을 계획하는 데 있어 불과 몇 주밖에 안 될 만큼 짧을 수도 있다.

임기가 종료된 의원실에 대해 상원에서는 완료될 필요가 있는 과업에 대한 체크리스트를 제공하고, 하원에서는 기관 기록(in-house records) 관리를 위한 발간물을 제공한다. 그리고 상원 및 하원의 아키비스트들은 임기가 종료된 의원실의 직원을 만나 완료해야 할 업무를 점검한다.

아래의 모범실무들은 임기가 종료된 의원실을 위해 최적화된 계획의 대략적인 윤곽을 제시한다. 예기치 않게 의원실 활동이 종료될 경우(의원이 재선에 실패하거나, 재임기간 동안 사망하거나, 사임하는 경우), 의원실 직원은 애도하는 마음에 망연자실하고 충격을 받아 분노하거나 방어적이 될 수 있다. 상원 및 하원 아키비스트들이 제시하는 조언들은 이런 경우에 유용한데, 특히 종이 형태가 아닌 기록을 아카이빙하기 위한 일반적인 절차와 관련하여 효과적이다.

아래에 나오는 모범실무를 활용한다면, 기록이 파기되거나 제거되지 않고, 의원들의 입법 활동을 가장 잘 문서화한 기록이 기록보존소로 이관되는 환경 하에서, 아키비스트들이 과업의 우선순위를 정하여 가능한 한 최선의 업무를 수행할 수 있다.

어떤 상황에서도, 의원실 직원의 최종 목표는 의원들이 남긴 유산들을 안전하게 관리하는 것이고, 기록보존소의 최종 목표는 의원실 직원의 노력이 용이하게 진행되도록 하면서, 연구자들에게 컬렉션을 시의적절한 방식으로 제공할 수 있도록 잘 처리하는 것이다.

■ 수집기록 이관 계획 수립을 위한 일정표

■ 기록보존소는 의원 재직 초기에 의원실 컬렉션에 대한 관심을 표시하고, 기록보존소에서 기록을 보존하는 것에 대한 타당성을 설명하면서 의원실과 접촉을 시작한다.

■ 의원 활동 초기에 지정된 기록보존소에 기록을 보존하는 것에 대한 확약을 받는다. 이는 컬렉션 기증을 의도하는 서한의 형태가 적절하다.

■ 기록보존소의 아키비스트는 최신 실무(practices) 및 기술(technologies)과 관련된 전문적인 조언과 지원을 받기 위해 하원역사

보존국(the House Office of History and Preservation) 또는 상원역사국(the Senate Historical Office)과 관계를 유지한다. 이 두 곳은 기록관리에 관한 유용한 발간물들을 보유하고 있다.

■ 기록보존소의 아키비스트는 필요에 따라서 의회기록원탁회의나 다른 기관에 있는 동료 전문가에게 관련 지침을 비롯하여 지속적인 교육을 받을 수 있는 기회에 관하여 조언을 구한다.

■ 기증서에 서명을 받는다.

■ 기록보존소에서는 기관의 평가(appraisal) 지침서 한 부를 보낸다. 이 평가 지침서에는 기록보존소의 의회기록컬렉션과 관련된 경험들이 담겨있다. 이 지침서를 통해 직원들은 일부 기록들이 기록보존소로 이관되기 전에 처리될 수 있다는 사실을 알 수 있다. 이제 의원실에서 생산하는 기록 유형과 그 기록들의 보유기간 또는 처분에 대하여 검토할 때이다.

■ 기록보존소의 아키비스트는 (워싱턴 D.C.나 주 또는 지역에 있는) 기록보존소의 지침과 하원역사보존국 및 상원역사국의 지침에 부합하는 기록관리 계획을 실행하고 발전시키기 위해 함께 작업한다. 이러한 기록관리 계획에는 의원실에서 생산된 모든 기록(사진 등 여러 유형의 시청각기록 포함)뿐만 아니라 중요한 기념품(memorabilia)에 대한 보유현황 목록(인벤토리)도 포함된다. 또한 이 계획에는 모든 형태의 전자기록관리에 대한 사

항도 포함된다(전자기록 관련 내용은 94쪽 참고).

- 기록보존소의 아키비스트는 기록관리 계획을 실행하기 위해, 또는 새로운 직원을 소개하기 위해, 그리고 시스템 변화에 대한 최신 정보를 제공하기 위해 정기적으로 예정된 날짜에 워싱턴 D.C.와 주/지역의 의원실을 방문한다.

- 기록보존소의 아키비스트들은 의원실 직원이 새로운 기술이나 장비들의 유효성과 기관 기록관리 절차상의 변화에 대한 정보를 얻기 위해 하원역사보존국 및 상원역사국과 정기적으로 연락하는 것이 바람직하다.

- 의원실과 기록보존소 사이의 업무 관계는 의원실 직원이 기록보존소 아키비스트에게 조언을 구하기 위해 편안하게 연락할 수 있는 정도의 관계가 되어야 한다.

- 기록보존소의 아키비스트는 의원실의 특정 직원에게 역사적 가치를 지닌 기록의 식별과 적절하게 보존·관리할 수 있는 방법을 교육한다.

- 비현용 기록들은 기록보존소로 정기적으로 이관되거나, 기록관리 계획에 따라 의원실에서 처분된다.

■ 갑작스러운 이관 계획

의원의 임기가 종료될 것이라고 알려지는 시점에서는 위에서 소개한 장기간 이루어지는 모범실무로는 부족한 점이 있으며, 의원실 직원과 기록보존소가 기록을 원활히 이관하고 이관 받을 수 있도록 해야 할 추가적인 여러 절차들이 있다.

■ 만일 기증서나 위탁증서에 서명이 되어 있지 않다면, 최우선적으로 증서의 내용을 확정하여 서약하고, 법적 문서로 만들어야 한다.

■ 만일 기록보존소의 아키비스트가 의원실 직원과 정기적으로 작업을 해 오지 않았다면, 이 작업은 가급적 속히 이루어져야 한다.

■ 기록보존소의 아키비스트는 일반적인 절차들에 대한 정보 및 의원의 임기 종료 일정, 그리고 발간물 관련 정보를 얻기 위해 하원역사보존국과 상원역사국에 연락하여야 한다. 이곳의 아키비스트들은 의원실 직원과 함께 작업하면서 얻은 경험을 공유해줄 수 있다.

■ 만일 컬렉션이 방대하거나, 의원이 오랜 기간의 정치 경력을 가지고 있는데 전문 아키비스트가 아직 직원으로 있지 않은 상황이라면, 기록보존소의 아키비스트는 임기가 종료된 의원실을 관리하고 기록을 이관하기 위해 전문 아키비스트를 고용해야

한다는 점을 의원실에 설득해야 한다. 이러한 조치는 의원실과 기록보존소 양측에 장기적으로 시간, 공간, 비용을 절약하게 해 주고, 가장 적절한 자료들이 역사적 기록으로 안전하게 보유되도록 해준다.

■ 필요에 따라 워싱턴 D.C, 주 또는 지역 의원실로의 방문은 가능한 한 신속하게 일정을 잡아야 한다.

■ 의원실 방문 목적

■ 직원과의 회의(핵심 직원과의 개별 회의), 의원실의 기록보존 실무와 전자시스템에 대한 학습, 기록철의 문서화와 보유·처분에 관하여 필요한 조언 제공, 기록보존소로 향후 이관될 기념품(memorabilia) 식별 등이 포함된다. 회의에서는 중요한 입법철들이나 이관될 만한 이슈 관련 사안철(case files)에 대한 논의가 포함되어야 한다. 비공개할 필요가 있는 기록철들을 식별해야 하고, 이관될 전자적인 데이터에 어떻게 접근하고 이용할 것인지에 대한 정보를 얻어야 한다(전자기록 관련 내용은 94쪽 참고).

■ 의원실에서 근무한 경험이 있는 모든 직원들과 그들이 수행한 특정 과제들에 대한 목록을 의원실로부터 획득한다. 이 목록은 아키비스트가 비슷한 철들을 그룹화하고 철들이 속해 있는 박스를 식별하기 위해 처리하는 과정에서 매우 유용하게 활용될

것이다.

■ 의원실 편람의 모든 버전(版) 한 부씩을 획득한다.

■ 특히 의원실에서 사용된 전자시스템들에 대한 사용법 편람과 기타 인쇄된 정보를 요청한다. 이들 시스템들의 목적과 사용 날짜를 확인한다. 또한 통신 코드화를 위한 주요 값들과 시스템들 내의 다른 문건들을 요청한다.

■ 컬렉션의 관리와 처리 과정에서 바로 이용될 수 있는 기록철(예를 들어, 직원 목록과 과제), 또는 전자적으로 기록보존소에서 관리하기 어려울 것으로 예상되는 기록철에 대한 인쇄 출력본을 요청한다.

■ 의원실 직원에게 종이 문서들의 기록보존 실무에 대해, 그리고 의원의 재임기간 동안 의원실에서 이러한 실무들이 어떻게 변화해왔는지에 대하여 설명해 줄 것을 요청한다.

■ 기록보존소에서 기록을 인수받기 위한 충분한 공간을 마련할 수 있도록 이관될 기록의 대략적인 양을 확인한다.

■ 하원과 상원의 사진가로부터 사진기록을 획득하기 위해 정리한다.

■ 추후 이관될지도 모르는 기록들을 확인한다. 보통 이러한 기록들은 의회기록이 아닌 개인적이고 가정사적인 것들이다.

- 이관되어야 할 기록의 박스에 대한 보유현황 목록(인벤토리)을 (가능하다면 전자 형태로) 요청하고, 이러한 기록들이 어디에서 오게 될지 그 장소(워싱턴 D.C., 주/지역 의원실, 집, 연방기록센터 서고, 개인 서고)를 식별한다. 만일 여러 개의 화물 또는 배송물이라면, 각 화물에 대한 보유현황 목록이 포함되어야 한다.

■ 기록보존소에서의 준비 과제

- 이관될 전자기록의 가독성과 접근성을 평가하기 위해 기록보존소 시스템 부서와 연락한다.

- 의원실과 기록보존소의 기술 지원 직원 사이에 연락원을 지정한다.

- 의원실의 연락원을 위한 최신 접촉 정보를 파일로 확실하게 관리한다. 이 파일에는 집 전화번호와 이메일 주소, 그리고 새 사무실 전화번호와 이메일 주소가 포함된다. 이는 의원의 임기가 끝난 뒤에 도착할 가능성이 큰 최종 기록물을 위한 것이다.

- 의원실 측 연락 담당 직원은 기록보존소 연락원에게 의원실과 자택 연락처를 확실히 알려준다.

- 의원실 측 연락 담당 직원과 각 기록물의 영수증을 분명하게 확

인하도록 한다.

■ 기증자와의 최신 연락 정보를 유지한다.

■ 기증자와 지속적으로 연락을 유지한다. 이는 컬렉션의 규모를 늘리거나 기증자가 기록보존소 활동에 참여하도록 하는 데 도움을 준다.

■ 이관 시 유의사항

■ 미국 하원과 상원은 임기가 종료된 의원실에 대해 최종 기록의 화물 비용을 지불한다. 하원과 달리, 상원의 경우에는 기념품 (memorabilia)과 사적인 품목들도 비용에 포함된다. 상·하원 모두 선거운동 기록(campaign materials)에 대한 비용은 지불하지 않을 수 있다. 선거운동 자금으로 대개 그 비용을 감당할 수 있다.

■ 연방기록센터(The Federal Records Centers)는 의원으로부터 서면 승인을 받아 그 곳의 보관 장소에 있는 기록들을 처분하게 된다. 그러나 의원실 소속의 아키비스트 또는 기록보존소에서 파견된 대표가 검토하지 않은 모든 박스들은 식별 오류 등의 문제를 방지하고 내용을 검증하기 위해 배송하는 것을 적극적으로 권장한다.

- 파기할 기록들은 기록센터(the records center)로 보내지 않을 수도 있다.

- 의원의 무료 우송 특권(의원실 메일 계정)은 해당 의원의 임기가 끝난 시점부터 90일 이후에 만료된다.

모든 기관이 방대하고 복잡한 컬렉션을 관리하기 위한 자원들을 갖고 있는 것은 아니다. 해리슨 윌리엄스(Harrison Williams)의 기록은 2,000입방피트로 구성되어 러트거스 대학(Rutgers University) 도서관 별관의 서가 3줄 이상을 채우고 있다. 윌리엄스는 뉴저지에서 미국 상원(1953~1957)과 하원(1959~1982)을 모두 역임했다.

사진은 러트거스 대학의 허락을 받아 사용함.

2. 비용절감 전략

　기록보존소는 비용(금전, 공간, 인력) 절감을 위한 조치를 취하기 위해 현역 의원실과 업무를 진행할 수 있다.

- 기록보존소에서 기록을 쉽게 관리하기 위해서는 하원과 상원에서 제공하는 마이크로필름화, 스캐닝, 또는 다른 데이터베이스로의 기록 이관 등과 같은 내부 조직 서비스를 활용하는 것이 좋다. 상원 의원실은 이러한 서비스를 무료로 이용할 수 있다.

- 기록철 관리에 대한 모범 실무를 발전시키고 실행하기 위해 의원실 직원과 협업한다. 협업 내용에는 다음과 같은 일이 포함된다.
  - 복사본 삭제
  - 시리즈로 쉽게 분리되는 언론 스크랩, 사진, 연설문, 그리고 주간보고와 같은 기록의 조직화
  - 사진 라벨링 및 식별
  - 디지털 이미지 파일에 대한 파일명 및 기술(descriptive) 정보 추가
  - 시청각 테이프 중 의원이 포함되어 있지 않은 테이프를 제거하기 위한 정밀조사
  - 어떤 포맷으로 유권자 메일을 이관할 것인지 결정

■ 상·하원 건물 내의 낙후된 서고(attic storage)는 장기간 사용하지 못하도록 한다. 여기에 보관되는 기록들은 극도의 열과 냉기, 벌레, 쥐 같은 동물의 침입, 심한 먼지, 천장 누수로 인한 곰팡이 같은 손상에 취약하다. NARA에서는 메릴랜드 수틀랜드(Maryland Suitland)에 있는 워싱턴 국립기록센터(Washington National Records Center)에 의원실의 편의를 위해 서고를 제공하고 있다. 음향, 영상, 사진, 그리고 전자 파일들은 의원실에서 자체 보존되거나 연방기록센터(the Federal Records Center)에 있는 한정된 규모의 온도 통제 공간에 보관되어야 한다. 주 의원실의 경우에는 지역 내 연방기록센터(Federal Records Centers)에 기록을 보존할 수도 있다. 이러한 장소에 대한 목록은 상·하원 기록관리 편람에 담겨있다.

■ 의원이 재직하는 동안 기록철들을 정기적인 일정에 따라 이관하는 것을 권장한다.

■ 즉각 처리할 수 있는 특정 의정 활동 이전 기록(pre-congressional papers)의 이관을 요청한다.

■ 기록보존소가 수집하지 않는 자료의 범주에 대한 내용을 상세하게 규정한다.

■ 만약 기록보존소나 의원실 어느 한 군데에서 비용을 지원한다면, 의원실 기록철 검토, 임기만료 의원실 감독, 기록철의 이관을

관리할 전문 아키비스트를 고용한다.

- 컬렉션을 즉각적으로 충분히 처리할 수 있는지 여부를 결정한다.

현역 의원은 은퇴하기 오래 전부터 그들의 기록을 관리할 기록보존소를 선택하고 기록을 질서 있게 이관하도록 서비스를 받는다. 웨스트 버지니아(West Virginia)에서 상원 의원 중 가장 오래 재직한 로버트 버드(Robert Byrd) 상원의원의 기록은 웨스트 버지니아의 셰퍼즈타운(Shepherdstown)에 있는 셰퍼드 대학(Shepherd University)에서 인수했다.

사진은 로버트 C. 버드. 입법연구센터(Center for Legislative Studies)의 허락을 받아 사용함.

3. 전자기록

모든 의원실은 일부 기록철을 전자적으로 관리하며, 일부 의원실에서는 모든 기록철을 전자적으로 관리한다. 기록보존소에서 의회기록컬렉션을 수집할 계획이라면 전자파일을 인수하고 관리하게 되는 상황을 예상할 수 있다. 의회기록 및 다른 방대한 수집물을 입수하는 기록보존소는 일단의 좋은 시스템을 갖추는 것, 그리고 방대하고 현대적인 수집물을 관리하는 아키비스트가 그러한 시스템으로 바람직한 작업을 수행하는 것이 점차 중요해지고 있다.

모범 실무

기록보존소의 아키비스트는 전자기록관리 시스템에 관하여 의원실 보좌직원과 소통하도록 한다.

■ 의원실에 필요한 질문 목록

- 이러한 기록철들에 특정한 연구 잠재성(research potential)이 포함되어 있는가? 그러한 연구 잠재성은 기록철들을 전자적인 형태로 보존할 필요성을 충분히 보여주는가?

- 의원실에 시스템 관리자가 있는가? 상·하원 시스템 부서와 연

락원 역할을 하는 직원은 누구인가?

- 의원실 내에서 과거에 어떠한 시스템이 사용되었으며, 현재는 어떠한 시스템이 사용되고 있는가?

- 각 시스템의 목적은 무엇인가?

- 각 시스템의 운영 기간이 어떻게 되는가? 시스템별 기술(description) 정보와 주제 사안(subject matter) 및 날짜들이 포함되어 있는가?

- 이전에 사용한 시스템에서 대체된 정보들이 시스템들(특히 현재 사용 중인 시스템)에서 유지되고 있는가?

- 어떠한 기록들이 구형 포맷으로 존재하는가? 이러한 기록들이 기록보존소로 이관되기 전에 마이그레이션 될 수 있는가? 될 수 없다면, 기록보존소는 이러한 데이터를 읽을 수 있는 능력을 갖고 있는가?

- 의원실에 이전에 사용되었거나 현재 사용하고 있는 시스템을 사용하기 위한 편람이나 기타 지침이 구비되어 있는가? 사용된 하드웨어와 소프트웨어에 대한 기술(description) 정보가 있는가?

- 의원실에서 통신을 위해 각 시스템을 어떻게 코드화하는지(어

떻게 통신 연락을 식별하고 주요 용어를 사용하는지)에 대한 주
요사항/인덱스를 갖고 있는가?

- 민원사업, 유권자와의 교신, 학술 약속들, 일정 등의 특정 기능
  들이 각 시스템들에 의해 지원되는가?

- 보좌직원들이 관련 기록철들(연설들, 언론 기사들)을 데크스톱
  컴퓨터에 저장하였는가?

- 관련 기록철들(연설들, 언론 기사들)이 공유 드라이브 상에 저
  장되어 있는가?

- 마이크로필름화된 기록(material)이 있는가? 있다면, 어디에 저
  장되어 있는가? 인덱스는 포함되어 있는가?

- 컴퓨터에 저장된 특정 데이터 중 인쇄 출력물 형태로 존재하는
  것이 있는가?

- 만일 없다면, 또는 인쇄 출력물 형태가 필요한 상황이라면, 의
  원실에서 지정한 기록철에 대한 인쇄 출력물을 제공해줄 수 있
  는가?

- 특정 주제에 대한 통신 내용 등의 통신 코드를 출력하거나 이관
  을 위해 분리해줄 수 있는가?

- 기록보존소가 전자 형태로 인수된 파일들을 관리하거나 유지할 수 있는 장비를 가지고 있는가? 하드웨어 및 소프트웨어 비용은 얼마나 드는가? 기록보존소에서 그 비용을 충당할 수 있는가?

4. 박물류와 기념품류

의회의 모든 의원실에서는 다양한 기념품과 상패, 그리고 3차원의 박물류를 보유하고 있다. 이들 중에는 명판(plaques)과 증정품 등이 포함되며, 기록보존소의 연구 목적을 지원하는 역할을 하거나 내재적 가치(intrinsic value)를 가진 것들이 일부 존재한다.

> **모범 실무**
> 기록보존소에서 어떠한 기념품을 입수할지에 대한 정책을 개발하고, 이러한 정책을 의원실과 소통하여 알리도록 한다.

기록보존소에서는 의원의 특성, 개성, 관심사가 반영되어 있는 품목, 지역/주에서 개최된 중요한 행사와 관련된 품목, 주요 법률 제정 또는 공공 정책 관심사가 반영된 품목, 또는 내재적 가치가 분리된 컬렉션을 형성하는 일부 품목에 대한 입수를 희망할 수 있다. 이러한 수집품들은 전시 목적으로 추가하기에 흥미로운 것들이다. 그러나 대부분의 의원실 기념품들은 의원의 자택이나 사무실에 놓는 것이 더 어울릴 만한 일상적인 것들이다.

의회의 박물류와 기념품들은 종종 전문적이고 값 비싼 관리를 필요로 한다. 사진 속의 보존전문가가 애리조나 5선 상원의원을 지낸 배리 골드워터(Barry Goldwater)와 그의 아내의 초상화를 보존처리하고 있다. 이 초상화는 노먼 록웰(Norman Rockwell)의 작품이다.

사진은 애리조나 역사재단(the Arizona Historical Foundation)의 허락을 받아 사용함.

예술적 품질이나 역사적인 증거에 따라 일부 기념품과 박물류들은 지역 박물관이나 공공 도서관에서 관심을 보일 수도 있다.

의원실 직원, 컨설팅 아키비스트, 또는 기록보존소의 아키비스트
는 의원실을 방문하는 동안 기념품에 대한 보유현황 목록을 만들어
야 한다. 이러한 보유현황 목록은 정보 전달의 목적을 위해 기록보
존소로 이관되는 기록철에 포함될 수 있다.

정보적 가치를 지닌 명판과 증명서는 복사나 디지털 사진복사 등
의 방법으로 기록보존소의 기록철에 포함되어 있는 기록 가운데 하
나로 보유할 수도 있다. 만일 기록 원본을 보존하기로 결정한다면,
액자에 들어 있는 문서와 사진들은 액자에서 제거할 수 있다. 입체
형태의 상패와 박물들은 사진으로 찍어 문서화할 수 있다.

제4장
의회기록컬렉션의 업무 처리

제4장 의회기록컬렉션의 업무 처리

1. 업무 처리(processing) 계획 수립

아직 의회기록컬렉션 처리에 대한 경험이 없는 기록보존소라면, 컬렉션을 이관받기 전에 입법부의 컬렉션에 대한 경험이 있는 전문가를 채용하거나 기록보존소에서 현재 근무 중인 직원을 적절하게 훈련시키는 데 필요한 예산을 마련해야 한다.

특정 컬렉션을 보관하고 후속 처리를 하기 위해서는 기록보존소 직원의 일상 업무와 통합할 수 있는 목표를 설정한 업무 계획 또는 일정표가 필요하다. 계획에는 현실적인 추진 일정과 예정 기한뿐만 아니라, 작업의 우선순위 또는 선택사항이 포함되어야 한다. 그리고 일정표나 성취도는 정기적으로 재평가되어야 한다.

효율적인 업무 처리 과정의 핵심은 정리와 기술에 필요한 종합적인 계획을 수립하기 위하여 세심하게 조사하고 컬렉션을 개관하는 것이다. 조사를 통하여 원질서의 존재 유무를 파악하고 주요 기록유형 또는 기록철 시리즈를 식별하게 된다. 또한 보존의 필요성을 평가하고, 기록을 평가(선별 자료의 처분)하기 위한 기회를 제공할 수 있다. 마지막으로 조사를 통해 컬렉션에 포함되어 있는 사생활 보호, 비밀 유지 및 해제, 그 밖의 비공개 검토가 필요한 분야를 명확히 도출하게 된다.

업무 처리 과정에 대한 모범 실무에는 다음 내용이 포함된다.
- 컬렉션에 대한 예비 시리즈 / 하위 시리즈의 개요를 작성한다.
- 포괄적인 처리를 필요로 하는 컬렉션 부분을 식별한다.
- 상대적으로 덜 포괄적인 처리를 필요로 하는 컬렉션 부분을 식별한다.
- 각각의 시리즈 / 하위 시리즈에 대한 컬렉션 접근을 지원하는 데 필요한 상세한 기술 수준을 결정한다.
- 적합한 직원에게 처리 업무를 할당한다.
- 공개 일자를 목표로 정한다.

다음 점검사항 목록이 처리 계획을 수립하는 데 도움이 될 것이다.

■ 전체 예산과 인력 수요가 어느 정도인가?

- 프로젝트 수행에 필요한 직원의 수준은 어느 정도인가?
- 프로젝트에 몇 명의 직원을 배정할 것인가?
- 배정된 직원은 이 프로젝트에 전담 투입되는가?
- 이 컬렉션을 다루는 데 직원을 추가로 채용할 것인가?

- 학생이나 인턴의 도움을 얻을 수 있는가?
- 컬렉션을 처리하는 데 특별 기금을 이용할 수 있는가?
- 긴급하게 다루어야 할 보존처리 요구에 대한 예산은 있는가? 이 비용에는 사진, 네거티브 필름, 스크랩북, 신문 스크랩, 오래된 가족 문서 등의 자료가 곰팡이 등이 있는 열악한 관리 환경으로 인해 피해를 입은 경우 수행해야 할 보존처리가 포함된다.
- 전자 파일을 관리하거나 변환하는 데 전문가가 필요한가?
- 어떤 물품을 구입해야 하는가? (보존상자, 중성 폴더, 비규격 상자, 사진 보호용 봉투 등)

■ 업무 처리 과정에 영향을 줄 수 있는 요소들은 무엇인가?

- 기증자는 생존 인물인가?
- 기증자는 아직 사회적으로 활동하고 있는가?
- 컬렉션이 이후에 추가될 여지가 있는가?
- 컬렉션의 처리가 완료되기 전에 기증자가 이용을 원할 수 있는 자료가 있는가?
- 컬렉션에 관한 구술사 프로젝트가 예정되어 있는가?

■ 컬렉션을 어떻게 활용할 수 있을 것으로 예상되는가?

- 컬렉션 중에 업무 처리가 완료됨과 동시에 연구 목적으로 공개가

가능하거나 대중이 관심가질 것으로 예상되는 내용이 있는가?

- 이미 공개되었으며, 연구용으로 손쉽게 조직하거나 활용이 가능한 자료 시리즈가 있는가?
- 쉽게 제외시킬 수 있는 시리즈가 있는가?
- 샘플링에 적합한 자료가 있는가?
- 적절한 이용을 위해 더 상세하게 기술할 필요가 있거나, 다소 기술 내용이 부족하더라도 충분히 활용할 수 있는 자료가 있는가?
- 컬렉션에 대한 가이드를 발간할 것인가?
- 설명 자료를 기록보존소 웹 사이트에 공지할 것인가?
- 컬렉션에 대한 온라인 안내문을 작성할 때 직원 중에 전문가가 있는가? 없다면 전문가를 어떻게 구할 것인가?
- 기증자에 대한 전시가 있을 예정인가?
- 컬렉션의 자료를 전시에 활용할 것인가?

■ 언제, 그리고 얼마나 자주 경과 보고를 할 것인가?

- 행정(관리) 부서
- 이사회
- 기증자
- 가족

2. 컬렉션의 물리적 통제

컬렉션과 의원의 경력에 대한 역사적인 배경을 이해함으로써 의회기록컬렉션에 대한 효과적인 정리와 기술이 가능하다. 컬렉션을 통제하기 위해서는 연구가 필수적이다. 아키비스트는 최소한 기증자의 전기와 중요 경력에 대하여 일아야 하며, 특히 국가적인 이슈나 지역적 이슈가 컬렉션에 포함되어 있는지뿐만 아니라 위원회와 소위원회 배정, 특별한 입법 관심 분야에 대해서도 알아야 한다. 또한 아키비스트는 미국 의회의 조직과 절차에 대한 기초 지식을 갖춰야 한다. 이 모든 정보는 수집상자의 내용물을 시리즈/ 하위 시리즈로 분류하거나, 의원실에서 인수하는 단계에서 최소한의 수준에서 조직되어 있을 가능성이 높은 기록철을 이해하고자 할 때에 중요하다.

> **모범 실무**
> 컬렉션 인수에 대한 물리적인 통제를 위해 즉각적인 조치가 필요하다.

■ 초기 단계

컬렉션은 적절한 온도와 습도를 통제할 수 있는 안전한 장소에 하나의 단위로 보존해야 한다.

상자 단위의 인벤토리는 가급적 빨리 완료해야 한다. 아울러 컬렉션에 첨부했거나 컬렉션을 이관받기 전에 별도로 접수한 목록과 비교하여 검증해야 한다. 이는 발송한 모든 상자가 접수되었음을 확인하는 절차이다. 상자를 분실했을 경우에는 지정된 연락원과 연락해야 한다. 이러한 예비 목록은 자료의 접근이라는 목적을 이루기 위해서도 중요하지만, 컬렉션을 처리하는 데 기본적인 작업 지침이 된다.

컬렉션의 물리적인 상태와 보존 처리 상의 문제를 확인한다. 일부 상자가 열려 있는 상태라면 내용물이 훼손되었는지 여부를 점검한다. 해충에 의한 피해, 곰팡이, 수해 여부 등을 점검한다. 피해 상황을 발견하면 표준 기록 처리 방법에 따라 조치를 취한다.

표준 기록 보존용 상자[12.5 inch(폭) × 15.5 inch(깊이) × 10.25 inch(높이)]에 담아 이관되지 않은 자료는 표준 보존용 상자에 다시 포장해야 한다. 이렇게 함으로써 기록보존소는 균일한 입고 상태로 컬렉션을 유지할 수 있다. 또한 이관이 용이하며, 상자의 훼손이나 부주의로 인한 분실도 막을 수 있다.

기증자의 이용 관련 조항이 기증서나 위탁서에 포함되어 있을 경우에는, 이용을 제공하는 데 필요한 사항을 확인한다.

업무 처리를 용이하게 하도록 시리즈를 확인한다.

표본 추출할 수 있거나 제거할 수 있을 만한 시리즈를 확인한다.

시리즈에 중대한 결락이 있거나 컬렉션의 누락이 의심스러울 경우 이를 확인한다.

기증자와 함께 구술사를 작성하는 데 유용할 만한 자료를 확인한다.

■ 특수 자료 취급 지침

기록보존소의 정책에 부합하는 모든 특수 매체의 자료들은 기록 관리 표준에 따라 처리하기 위해 기록보존소 내 해당 부서로 이관한다. 원본 기록철 안에는 제거가 용이한 메모지에 이관 이력을 남겨 함께 둠으로써 이관의 맥락을 기록으로 남길 수 있도록 유의한다. 인벤토리 원본(master inventory)에는 모든 이관 내역을 기입한다. 이때 다음 사항에 유의한다.

- 대형 문서, 지도, 서류(papers)는 더 큰 상자나 지도 케이스에 펼쳐서 보관해야 한다.

- 사진과 네거티브 필름은 종이 자료와 구분하여 별도로 보관해야 한다. 사진 자료의 일반적인 기록 처리 관행에 따라 적절하게 문서로 기록하고 보관해야 한다. (이를테면 중성 또는 리그

닌 함량이 적은 폴더나 봉투, 기록물에 적합한 투명 사진 봉투와 같은 보호용 밀폐용품 안에 사진을 보관한다.) 그러나 각각의 사진이 기록철(예를 들어 청문회나 특별 사업 등)을 구성하는 일부분일 경우에는 사진을 보존용 봉투(protective enclosures)에 넣은 후 정보의 맥락을 보존할 수 있는 곳에 배열해야 한다. 그렇지 않으면, 필요한 정보를 적절하게 기재한 원본을 서고에 보관할 수도 있다. 이때 원본의 위치 정보가 포함된 사진의 사본을 기록철의 사진이 있던 자리에 끼워놓는다.

- **비규격 행정박물, 직물, 특수 형태의 물체**는 종이 자료와 구분하여 별도로 보관해야 한다.

- **신문이나 팩시밀리 용지**는 일시적인 활용을 목적으로 만들어진 것이다. 만약 영구본이 기록철에 없다면, 원본을 중성지로 복사하거나 포맷을 새로 하고 원본은 파기한다. 팩시밀리 용지는 시간이 지날수록 희미해질 수 있으므로 신속하게 사본을 제작한다. 느슨하게 묶여있는 신문 스크랩은 원본을 보관해야 할 경우 중성지를 사이에 끼워 놓는다. 보존을 위하여 복사를 하거나 새로운 포맷으로 작성한다면, 향후 전시를 위한 원본의 잠재적 가치를 고려하여 원본의 처리를 결정한다.

- **스크랩북**은 대체로 크고 다양한 종류의 종이 자료가 들어 있다. 보존이 까다로울 수 있으나, 대체로 스크랩북의 문서 가치는 높고, 원본 또한 전시에 유용할 수 있다. 스크랩북은 마이크로필름으로 제작하거나 디지털화할 수 있고, 원본은 적절한 크기의

상자에 보관하거나 기증자에게 돌려줄 수 있다.

■ **시청각자료**는 대부분 급속한 기술적 노후화에 따른 수명과 접근에 한계가 있을 수 있다. 사용 가능한 상태를 연장하기 위해서는 특수한 서고가 필요하다. 필요하다면 세척과 재포맷도 해야 한다. 장기보존용 원본 외에 접근/이용자용 사본을 최소 한개 이상 제작해야 한다. 매체 유형에 따라 미래에도 이용이 가능하도록 기술 발전에 대하여 관심을 가져야 하며, 더 이상 이용이 어려운 장비를 계속 유지해야 할지 아니면 새로운 기술에 따라 매체 이전을 해야 할지도 결정해야 한다.

■ **디지털 매체**(컴퓨터 디스크, DVD, 컴퓨터용 테이프 등)는 저장이나 기술 수명이 유한하다. 기록보존소는 디지털 정보에 접근하려는 단기적인 수요를 검토하고, 소프트웨어나 하드웨어의 노후화에 따른 대책을 수립해야 한다.

■ **방사선 검사 우편물**은 특수 취급이 필요하다. 2001년 10월 탄저균 우편물 사건 이후, 미 의회로 발송된 모든 U.S.P.S.의 우편물은 배달 전에 방사선 검사를 하고 있다. 더욱이 2004년 2월 리신(ricin)이라는 독성 분말이 의원실에 배달된 우편물에서 발견된 사건 이후부터는 어떠한 분말 물질도 모두 걸러낸 후 봉투를 개봉하고 있다. 이 과정에서 종종 편지 내용물이 손상되기도 한다. 방사선은 종이의 노화를 가져오고, 보존 연한을 단축시키며, 피부나 호흡기 질환과 연계될 수 있는 잔여물을 남기기도 한다. 다른 정부기관과의 서신 교환은 직접 전달되므로, 방사선

은 주로 유권자들의 우편물(constituent mail)에 영향을 끼친다. 방사선 검사를 거친 우편물은 접수한 우편물 가운데 일부에 불과하므로, 기록보존소는 대상별로 그리고 유형별로 어떤 우편물이 이관되는지를 판단할 필요가 있다. (가급적이면 의원실에서 우편물을 어떻게 보관하는지 검토한 후에 판단한다.) 또한 (가급적이면 기록보존소로 이관하기 전에) 방사선 검사한 우편물을 복사하고, 원본을 파기하는 것도 고려한다. 다량의 방사선 검사 자료를 복사하거나 처리할 때는 마스크와 장갑을 착용한다. (부록 E 유권자 우편물 처리 지침도 참조하기 바람.)

오늘날 컬렉션은 다양한 기록 매체로 구성되어 전문적인 장비나 전문가를 필요로 한다. 리처드 B. 러셀 도서관(Richard B. Russell Library) 직원이 오디오테이프의 곰팡이 피해 여부를 조사하고 있다. 러셀은 1933년부터 1971년 사망할 때까지 조지아 주의 상원의원을 역임했다.

사진은 조지아 대학(University of Georgia) 리처드 B. 러셀 도서관의 허락을 받아 사용함.

3. 업무 처리 과정

업무 처리 과정―주요 이용자(patron)의 활용과 보존을 위해 수행하는 보존기록에 대한 정리, 기술, 보관―은 기록관리 업무의 핵심이다. 의회 컬렉션의 업무 처리 과정은 표준 기록물 처리 절차를 따르는 한편, 좀더 구체적으로 다음 지침과 사례를 의회 문서에 적용할 수 있다.

■ 컬렉션을 언제 처리하는가?

컬렉션의 처리는 일반적으로 기증서에 서명하여 컬렉션이 기록보존소의 법정 재산이 된 이후부터 시작된다. 그러나 기증서에 서명하는 절차가 지연되더라도, 컬렉션 인수에 따른 컬렉션의 물리적 또는 지적인 통제가 필요하다면 사전에 계획한 절차를 밟아나갈 수 있다.

만약 기증자가 정치적 활동을 계속 하고 있다면, 통상 컬렉션에 대한 예비 단계의 물리적인 통제로도 충분하며 업무 처리를 미룰 수도 있다. 대체로 이러한 컬렉션은 이용에 제한사항이 있으며, 상당 기간 동안 연구 목적으로 공개되지 않을 것으로 예상되는 것들이다.

기록보존소에서는 일반적으로 처리 과정에 필요한 자금을 지원받은 컬렉션을 우선적으로 처리한다.

일부 기록보존소에서는 업무 처리가 완료되면 공개 가능한 컬렉션을 처리하는 데 우선순위를 두기도 한다.

일부 기록보존소에서는 기증자로부터 컬렉션에 대한 의문을 바로 묻고 해결하기 위해 자료를 이관받을 당시 생존해 있는 기증자의 문서를 처리하기도 한다.

아키비스트는 기증자의 기대치에 부응할 수 있도록 기록보존소가 기증자에게 했던 약속을 명확하게 주지할 필요가 있다.

■ 업무 처리 수준

의회 컬렉션은 방대하고, 모든 의원실에서 볼 수 있는 일반적인 기록 유형들로 구성된 방대하고 계층적으로 복잡한 컬렉션이다. 이때 "보다 생산적이고, 보다 간소화된 처리(more product, less process)" 방법이 적합한데, 이는 노동 집약도가 높지 않은 처리 과정을 선별적으로 적용하여 더 많은 작업을 처리할 수 있도록 다양한 수준의 기록 처리 과정을 활용하는 방식이다. 그런데 이 방식은 컬렉션을 처리하는 과정에서 아키비스트에게 특별한 주의를 요구하는 의회기록컬렉션의 경우에 약간의 문제가 있다. "보다 간소화된 처리" 방법은 신중하게 책임을 다할 수 있도록 적용해야 한다. 처리 수준은 각 컬렉션에 따라 개별적으로 결정해야 하며, 더욱이 같은 컬렉션 안에 있는 시리즈 전체에 걸쳐서 일관성 있게 적용해야 하는 것은 아니다.

여러 기록보존소에서 "보다 간소화된 처리" 방법을 시험해 보거나 채택함에 따라, 이 방법이 다른 방식으로 변용되어 적용되기도 한다. "덜 처리된" 자료를 다루고 참고 서비스를 제공하는 경우 그 결과에 주목하여야 한다. 내외부의 자금 조달 수준이 결국 정리·기술·보존의 수준을 결정한다.

입법 관련 기록철이나 의원의 개인 문서와 같이 의회기록컬렉션의 시리즈 상당수는 내용에 개인 정보를 포함하고 있거나 보안에 민감한 또는 비밀로 지정된 문서를 포함하고 있을 가능성이 높기 때문에 특별한 주의를 필요로 한다. 그 밖에 신문 스크랩이나 연설문 같은 기록철은 비교적 손쉽게 검토할 수 있다. 의원실 직원의 이직이 빈번할 경우 기록철을 관리하는 방법이 서로 다른 직원에 의하여 주제별 기록철이 관리되었을 가능성이 있다. 꼼꼼하지 않은 직원은 같은 주제 아래 민감한 메모와 일상적인 서류들을 뒤섞어 놓을 수도 있다.

이러한 문제들뿐만 아니라 의회기록컬렉션은 일반적으로 방대하기 때문에, 컬렉션 안에 포함된 다양한 주제 전반에 걸쳐 충분한 지적 통제를 하기 위해서는 세밀한 수준의 처리 과정이 필요하다.

일부 기록보존소에서는 컬렉션에 대한 개별 문건 수준까지 처리를 완료할 수도 있다. 이럴 경우 기록철을 해철하고, 보존을 위한 사본을 제작하며, 기록철을 중성 폴더로 옮기고, 새로 이름표를 붙인 중성 기록 보존용 상자에 담는 작업이 포함된다. 이러한 수준의 처리에는 상당한 시간과 비용이 소요된다.

또 다른 일부 기록보존소에서는 인계받은 폴더에 그대로 자료를 보관하면서 필요한 경우에만 기록철을 해철하는 시리즈 수준의 컬렉션 정리로 충분하다고 판단할 수 있다. 다만 20세기 중엽에 주로 사용되던 어두운 갈색이나 금색 폴더는 산성도가 매우 높다는 사실을 유념해야 한다.

여러 방법을 조합하여 만족할 만한 결과를 얻을 수도 있다. 예를 들어 의원의 개인 서류에 있는 서신 원본이나 중요한 사진, 비망록, 일기 또는 사용 빈도가 높은 파일은 좀더 세부적인 처리 과정을 적용하되, 일상적인 유권자 우편물이나 직원용 기록철은 다소 느슨한 방법을 적용할 수도 있다. 이러한 처리 방법의 결정은 컬렉션별로 한다.

처리 과정이 포맷의 형식에 따라 결정되기도 한다. 사진이나 시청각자료와 같은 특수 매체 자료는 적절한 보관과 보존 처리를 위하여 기록보존소 내 다른 부서에서 작업을 진행해야 할 수 있다. 전자기록의 경우 보존과 접근 문제로 인하여 또 다른 부서의 전문가를 필요로 할 것이다.

　만약 해당 기록보존소가 '연방정부 간행물 기탁도서관 프로그램'(Federal Depository Library Program)의 회원이라면, 정부 보고서나 문서가 해당 부서로 이관시킬 자료에 포함되지 않을 수 있는데, 이 때는 원본 기록철의 질서에 따른 위치를 표시할 수 있도록 기록철 사이에 표지 사본이나 제거 가능한 메모를 삽입한다. 만일 무엇인가 독특하거나 최소한 일상적이지 않은 것이 나타난다면, 해당 자료를 컬렉션에서 제거하기 전에 관련 부서의 확인을 받도록 한다.

　미국 정부문서부(Government Documents Departments)가 과도기에 있음에 주목하도록 한다. 정부문서부가 완전한 전자기록보존소로 전환됨에 따라 앞으로는 더 이상 인쇄 자료를 받지 않을 것이기 때문이다. 전자적 접근은 수요를 충분히 만족시키지 못하고 있으며, 1990년 이전에 생산된 자료의 경우 상당수가 이용이 불가능할 수 있다. 한시적인 문서(Fugitive documents)는 현실적인 문제를 야기하면서도 높은 연구 잠재력을 지니고 있다. 미국 상무부(Department of Commerce) 국립기술정보센터(National Technological Information Service, NTIS; http://www.ntis.gov/)는 의회기록컬렉션에서 발견되는 회색 문헌(gray literature)을 위한 정보원이라 할 수 있다. 의심스러우면 일단 문서를 보관하도록 한다.

■ 표본 추출

표본 추출은 단순 메시지 전달용 우편(orchestrated mail), 세간의 주목을 끄는 주제에 대한 우편, 일상적인 민원 사업 기록철과 같은 부피가 큰 기록철의 양을 줄일 수 있는 유용한 수단이다. 이러한 기록철들에 대해 기록학적 표본 추출 기법을 적용하여 표본을 추출할 수 있다. 표본 추출을 완료한 전체 기록철/상자의 수나 표본 추출한 방법(예를 들어, 열 번째 문서마다 추출 또는 두꺼운 기록철 추출 등)을 기재한 문서를 기록철과 함께 보관한다. 표본 추출 방법은 특정 주제에 대한 찬성과 반대의 서신에 대하여 동일하게 적용하며, 표본에는 U.S. 우편, 팩스, 이메일, 공식 웹 사이트를 통해 접수한 메일을 모두 포함해야 한다.

4. 평가 결정

업무 처리 수준과 상관없이 통상적인 의회기록컬렉션의 규모는 엄청나다. 평가는 기록관리 업무 처리 과정의 표준 구성요소이며, 전체 의회기록컬렉션의 전체적인 부피를 줄일 수 있는 중요한 수단이다. 정기적인 평가 결정을 통하여 역사적 가치가 없는 자료들을 제거함으로써 의회기록컬렉션의 양을 25~75%까지 줄일 수 있다.

미국 의회에 강제적 사무관리 규정은 없지만, 각 의원실은 일반적인 평가지침에 따라 검토가 가능한 공통 기록 유형을 생산한다.

모범 실무

어떤 기관이든 '의회기록 컬렉션 획득을 위한 표준'(제1장 참조)을 검
토함으로써 의회기록컬렉션에 대한 평가 결정을 할 수 있다. 이러한
표준은 기록보존소의 아키비스트가 컬렉션 고유의 특성을 고려하고,
상대적인 장점을 평가하는 데 도움을 준다. 특히 평가 결정은 다음
두 가지 중요한 요소에 영향을 받는다.

- 의회 의원의 지명도, 재임기간, 컬렉션의 완성도
- 기록보존소에 보유 중인 다른 의회기록컬렉션의 존재 유무

아래 점검사항 목록은 의원실의 기능을 고려한 다섯 가지 공통
기록의 범주를 항목별로 나열한 것이다. 이러한 기록들을 처리하고
배열하기 위한 구체적인 지침은 부록 E를 참조할 수 있다.

■ 의원의 개인적, 정치적 기록들

- 상, 기념패, 기념품
- 이력 정보
- 웹 페이지를 포함한 선거운동 기록철
- 가족·친구와의 의사소통 기록
- 주요 인사와의 의사소통 기록

- 탁상 달력
- 수첩, 일기, 개인 통화 기록
- 초대장
- 메모 및 기타 직원과의 의사소통 기록
- 당 대표 기록철, 정당 기록철
- 개인 컴퓨터 데이터베이스
- 정부 고위직에 대한 추천장
- 상원 또는 하원의 요구에 따라 제출한 보고서(재산 공개, 각종 캠페인, 일반 대중에게 발송한 우편물, 외국 선물)
- 일정표, 예정사항
- 스크랩북
- 연설문
- 출장 관련 자료(출장 안내 책자, 출장보고서, 출장사진)
- 보좌관이나 비서관 관련 기록철

■ 입법 관련 기록

- 법안 관련 기록철
- 위원회 업무 관련 기록철
- 유권자 우편물
- 동료 의원에게 보내는 서한
- 입법 배경 자료
- 보좌진 기록철

- 의원이 서명한 입법 청원에 대한 발신 서한
- 입법 관련 이슈에 관한 투표 자료
- 성명서
- (의석에서 발언하고자 준비한) 연설문
- 투표 기록

■ 선거구 활동

- 학교 임명장(academy appointments)
- 민원 사업
- 유권자 우편물
- 보조금 / 사안 관련 기록철
- 청원, 축하, 조의

■ 언론 및 미디어 활동

- 홈페이지 / 웹페이지, 블로그
- 소식지, 일반 대중에게 발송한 우편물
- 신문 스크랩
- 기명 논평 / 칼럼, 기타 논설
- 사진
- 언론담당관 기록철

- 보도자료 발송 목록
- 보도자료
- 라디오 녹음, TV 녹화본과 원고
- 스크랩북
- 연설문

■ 행정 기록철

- 의원실 예산/재정 관련 기록철
- 업무편람
- 의원실 공간/비품 관련 기록철
- 인사 규정과 기록
- 보좌진 명단
- 출장 관련 기록철
- 주간 보고

5. 평가 결정을 위한 속성 점검사항 목록

보존(RETAIN)	검토(REVIEW)	폐기(DISCARD)
· 위원회 업무 관련 기록철	· 부처/기관 관련 기록철	· 학교 관련철(academy files)
· 의회의 각종 회원 조직 관련 기록철(전당대회, 연합체 등)	· 시청각자료	· 일상적인 유권자의 요청 (예: 의사당 깃발 프로그램(flag),* 견학 등)
· 서신	· 각종 캠페인 기록철	· 비선거구민과 관련된 서신
서식에 따른 회신	· 사안 관련 기록철	· 복사본
다른 의원과의 서신	· 스크랩/스크랩북	· 임용 지원서
· 대표 관련 기록철	· 서신	
· 입법 관련 기록철	축하/조의	
· 소식지	협박장(crank file)	
· 인사 관련 기록철	입법 이슈 관련 우편	
· 언론 관련 기록철	· 전자 파일	
· 사업 관련 기록철	· 초대장	
· 연설문	· 기념품	
· 주/선거구 관련 기록철	· 사무관리 기록철	
· 투표 기록	· 사진	
	· 출판물	
	· 추천장/임명장	
	· 참고자료 기록철	
	· 보좌진 기록철	

---

* (역자 주) 의사당 깃발 프로그램(Capitol Flag Program)은 국경일과 각종 이벤트 뿐만 아니라 학교나 시민단체 등의 단체들의 업적을 기념하기 위해 상하원 의원이 미국의회 부속기관인 의사당영선국(Architect of the Capitol: AOC)에 요청하여 인증받은 국기를 정해진 위치에 게양하는 프로그램이다.

6. 비밀분류, 비밀해제, 재분류

국가 안전 보장 등의 사유로 비밀로 분류된 기록철은 연방 법령으로 제한되므로, 의원실이나 기록보존소는 이러한 자료를 상세히 기술된 방식에 따라 처리·이관해야 한다.

비밀로 분류한 문서에는 Ⅰ급(Top Secret), Ⅱ급(Secret), Ⅲ급(Confidential) 등으로 날인할 수 있으며, 특정 날인이 없더라도 비밀로 간주할 수 있다.

상원 의원실은 상원에서 생산된 모든 비밀문서를 관리하는 상원 보안사무국(Senate Security Office)과 연락해야 한다.

하원 의원실은 NARA 보안심사국(Information Security Oversight Office: ISOO)과 직접 연락해야 한다. 보안심사국은 문서를 검토하여 기록의 공개가 가능한 시점에 지정된 기록보존소로 기록을 전달한다.

의원실 내에서 보관되는 비밀문서는 다른 기록철과 구별하여 안전하게 보관해야 한다. 민감한 정보나 비밀 정보를 취급할 수 있는 위원회 소속이거나 지도적 위치에 있는 의원실과 기록보존소가 작업할 경우에는 아키비스트가 의원실의 보좌직원에게 상원보안사무국이나 NARA와 직접 업무를 처리해야 함을 상기시켜줘야 해당 자료가 기록보존소로 이관되기 전까지 정해진 절차에 따라 취급될 수 있다.

비밀문서가 부주의하게 기록보존소로 이관되었을 경우에는, 문서를 접수한 아키비스트가 비밀문서의 취급과 이관에 관한 특수 지침에 따라 보안심사국과 직접 연락을 취해야 한다(http://www.archives.gov/isoo/index.html 참조).

기록보존소에서 아키비스트가 의원 기록철을 다루다 보면 비밀문서가 제거되었거나 NARA 보안심사국으로 보냈음을 알리는 메모를 발견할 수 있는데, 이때 아키비스트는 보안심사국과 연락을 취하여 문서를 계속 비밀로 분류하여야 할지, 아니면 기록보존소로 이관해도 상관없는지 여부를 결정하기 위해 비밀해제 검토를 요청할 수 있다. 아울러 기록보존소의 아키비스트가 새로 발견된 비밀문서를 보안심사국으로 이관할 때, 동시에 컬렉션에 비밀로 분류된 자료의 반환이 신속하게 이루어지도록 비밀해제 요청을 할 수도 있다.

제5장
참고서비스와 확장서비스

제5장 참고서비스와 확장서비스

1. 기술 실무(description practice)와 접근 도구

처리의 목적은 제한된 시간과 자원 내에서 수집물에 대한 최상의 접근성을 제공하는 것이다. 그러한 접근에 대한 핵심은 잘 설계된 수집물 가이드(검색도구)에 있다. 검색도구는 서술적인 기술과 상세 인벤토리 또는 보존상자 목록이 결합되어 있다. 이를 통해 조사자는 해당 수집물 내에서 무엇을 찾을 수 있으며 그것을 어디서 찾을 수 있는지 알 수 있다.

『의회의 기록화』(*The Documentation of Congress*, 1992)에서 조사·보고된 바와 같이, 조사자들은 의회기록컬렉션의 내용을 알 수는 있으나 보다 설명적인 세부내용과 보다 나은 접근도구 없이는 그것을 이용하기 어렵다는 것을 알게 된다. 의회기록원탁회의에서는 의회기록컬렉션에 대한 요약 가이드 또는 광고 브로셔 출판물부터 상세한 시리즈 기술과 기록철에 대한 보존상자 목록이 있는 검색도구까지, 세부적인 수준의 다양한 접근도구를 제안하고 있다.

(인쇄 또는 전자적인 형태의) 검색도구는 조사자에게 특정 기록이나 주제를 파악할 수 있도록 충분한 정보를 제공하기 위해서, 복잡한 의회 시리즈의 계층적 구조를 효과적으로 안내하고 필요한 기술 수준과 균형을 이루어야 한다.

모범 실무

EAD(Encoded Archival Description)에 관한 국가표준을 적용하고 자동화된 수집물 기술 도구에 대한 웹 접근을 위해서 기술을 사용한다.

EAD에서 만들어진 검색도구는 관리 정보와 기술 정보라고 하는 두 가지 종류의 정보로 구조화된다.

■ 관리 정보에 대한 검색 도구

- 수집물의 제목, 날짜 주기
- 직선거리 또는 평방 피트로 된 물리적 크기
- 접근/수집/통제 번호
- 기관과의 연락 정보: 기관명, 우편주소, 전화번호, 팩스 번호, 공공 개방시간, 웹사이트, 수집기록에 책임이 있는 개인 또는 부서의 이메일 주소
- 수집기록의 출처: 언제 누구에 의해 획득되었는지, 기증인지 구

입인지
- 수집기록에 부여된 공공 이용에 대한 제한, 수집물 전체 또는 그 일부분
- 수집기록에 적용된 저작권 상태
- 조사자의 이용을 위한 인용정보
- 수집기록의 초록 뚜는 요약기술
- 수집기록에서 발견되는 기록 종류의 장르 용어
- 언제 누가 그 수집기록을 처리했는지, 입수할 때 상대적으로 질서 정연했는지 무질서했는지, 어떤 샘플링 절차가 사용되었는지와 같은 세부 정보를 포함하는 처리 기록

■ 기술 정보에 관한 검색도구

- 의원 약력(biographical sketch), 출생일, 출생장소에 관한 정보, 성장기 요약, 교육과 직업 배경, 정당, 의회에 선출되기 이전에 종사한 선출 또는 지명 부서, 정당지도부 역할(국가 또는 주 차원), 의회에 선출된 날짜, 복무한 기간, 위원회 배정, 입법관심 분야, 주도 또는 통과를 지원한 중요한 입법, 의회 퇴임 이후 경력 등 포함. 전기적인 기록은 해당 수집기록에 기록된 것과 관련하여 내용과 문맥이 비례해야 한다.
- 범위와 내용 주기(note). 자료의 폭과 깊이에 관한 상술을 포함하여 기술된 자료의 조사가치의 서술형 요약. 범위와 내용 주기는 각 시리즈 또는 하위시리즈에 있는 기록의 종류에 관한 정보

와 그 기록의 정리 방법, 기록 작성 기간, 다루고 있는 주요 주
제 분야, 기록 내의 중요한 결락, 자료의 상대적인 강점과 약점
에 관한 조언

- 시리즈와 하위 시리즈의 윤곽을 포함하는 수집기록의 조직
- 각 폴더에 대한 박스 번호 및 폴더 번호, 폴더 표목 또는 기술,
  그리고 기록 작성 기간을 포함하는 모든 기록철 폴더들에 대한
  보존상자 목록. 이 목록 작업은 시리즈와 하위 시리즈에 기술된
  순서를 따라야 한다.

■ 컬렉션의 홍보

모범 실무

EAD를 이용(또는 EAD의 표준 기술요소 채택)하여 기록보존소의 웹
사이트를 통해 기술한 기록에 대한 접근이 가능한 검색도구를 온라
인으로 제공한다. 온라인 가이드는 특히 원거리 연구자들에게 있어
컬렉션 이용을 높이는 가장 효과적인 수단이 될 수 있다.

요약 가이드, 책갈피, 우편엽서, 컬렉션 브로셔 또는 주제별 조사
가이드와 같은 기타 기술 도구도 컬렉션을 진척시키는 데 유용하다.

■ 컬렉션의 등록(registering)

의회기록컬렉션과 관련하여 국가적 차원의 두 개 레지스트리 (registries)가 존재한다.

- 기록보존소에 있는 의회기록컬렉션은 NARA의 입법부아키이브 센터에서 관리한다(http://www.archives/gov/records_of-congress/ index.html).
- 미국의회 전기 디렉토리의 온라인 에디션(http://bioguide.congress. gov)은 의원들의 전기 목록에서부터 연구컬렉션 등의 링크를 제공한다. 연구컬렉션에 대한 추가사항은 상원역사국 또는 하원 역사보존국에 제출되어야 한다.

온라인 컬렉션 기술을 상업적으로 이용할 수 있는 두 가지 인덱스 는 아카이브USA(*ArchivesUSA*)와 아카이브그리드(*ArchiveGrid*)이다. 최근에는 컬렉션 수준의 목록화된 기록들이 국가서지기술도구에 보 고된 바 있으나, 국가 차원의 기술도구는 없는 상황이다.

기록보존소는 각자 지방, 지역, 주 수준에서 비슷한 인터넷 기반 의 목록과 링크를 조사하고 이용해야 한다.

잘 설계된 열람실은 기록보존소 전시갤러리와 같이 기록보존소의 특징이 될 수 있다. 사진은 코네티컷 대학 토마스 도드 리서치 센터(Thomas J. Dodd Research Center)에 있는 존 P. 맥도널드(John P. McDonald) 열람실이다. 이 센터는 상원의원 및 하원의원을 역임한 토마스 도드를 기념하여 명명하였다.

사진은 토마스 도드 리서치 센터의 허락을 받아 사용함.

2. 참고서비스와 연구지원

기록보존소가 참고서비스 또는 컬렉션의 이용을 활성화할 수 있는 폭넓은 연구환경을 제공하기 위해서는 의회기록컬렉션을 보관하고 처리하기 위해 필수적인 공간과 시간, 지원, 그리고 기타 다른 자원들을 투자해야 한다. 이하의 요소들은 그러한 환경의 중요한 측면들을 정의한다.

- 잠재적 이용자를 위한 접근성: 편리한 위치와 정규 개관 시간 포함
- 원거리 참고봉사 요청에 대응하기 위해 입증된 가능성: 주제전문가가 제공하는 참고봉사 포함
- 사진복사 설비를 준비하여 기록에 대한 접근성 제공
- 직원과 연구자들이 컬렉션에서 접할 수 있는 인물, 사건, 조직에 관한 참고자료에 대한 제공 가능성
- 기록의 연구적 가치 등을 증대시키기 위해 상호 보완적인 기록, 특히 의원의 동료나 같은 시기에 재직한 인물들의 기록에 대한 근접성
- 대학원생, 다른 연구프로그램, 또는 기록보존소 소장물의 이용을 자극할 공동체 프로그램에 참여할 기회에 대한 근접성
- 대학, 대형공공도서관에 대한 근접성, 또는 컬렉션에 포함된 기간의 정치, 사회, 경제사를 다루는 2차 작업과 정부 문서의 본질적인 내용을 포함하는 다른 연구도서관에 대한 근접성
- 연방 기탁도서관 프로그램과 지방 기탁도서관에 대한 접근성

3. 전시와 확장서비스

의회기록컬렉션은 대단히 독특한 소장물이다. 이들 컬렉션은 목

표가 되는 기금모금, 홍보, 대중관계, 출판, 그리고 컬렉션 개발을 촉진한다. 이 컬렉션들은 다른 기록보존소, 연구부처 그리고 주 또는 연방기관과의 협력을 주도할 수 있다. 이 컬렉션 안에 있는 다양한 포맷들은 광범위한 연구활동에 유용하다. 이러한 활동 가운데 일부는 많은 활동이 최소한의 비용이 들 수 있을지라도 기금을 필요로 한다. 그러한 모든 활동들은 직원들의 헌신적인 시간 투자를 필요로 한다.

전시는 많은 기록보존소와 도서관에서 수행하는 효과적인 확장서비스 프로그램이다. 의회기록컬렉션에 모인 기록들은 컬렉션의 수집을 홍보하고 기증자의 명예를 위해 흥미로운 전시가 될 수 있다. 이들 기록은 여러 가지 다른 방식으로 이용될 수 있고 다른 관객들에게 보내질 수 있다. 또한 의회기록컬렉션은 다른 공인들의 경력, 지방사, 사회 및 문화적 이슈, 역사적 사건의 기념과 중요한 사건에 대한 컬렉션 등의 주제들과 관련된 전시와 통합될 수 있는 다양한 자료들을 제공한다.

자료들은 장소, 온라인, 그리고 이동전시 등 여러 가지 방식으로 이용될 수 있다. 이들 기록은 정규적으로 제공된 과정이나 다른 기관과 연결되어 제공된 특별 세미나 및 포럼을 통해 교육자료로 사용될 수 있다. 의회자료는 또한 다큐멘터리 필름제작자에 의해 사용될 수 있다.

■ 전시 이슈

전시회 개최에 관한 보다 특수한 정보들은 전시에 관한 표준 기록관리 매뉴얼(archival manuals)에 나온다. 다음의 사항을 주지하라.

- 전시를 위한 자료는 기록보존소의 자산이어야 하고 또는 소유자로부터 적절한 허가를 받은 이후 진열되어야 한다.
- 전시는 보존기록을 진열하기 위해 필요한 적절한 기준에 부합해야 한다.
- 자료들은 전시되기 전에 보존처리되어야 한다.

> **모범 실무**
> 일반 시민에게 공개하는 전시 프로그램은 6개월 이내로 제한한다.

원본자료를 영구적으로 진열하는 것은 바람직하지 않다. 장기 또는 단기 전시를 위해서는 원본자료가 아니라 특정 형식의 문서, 사진 또는 고품질의 복제본을 사용하여 전시해야 한다.

■ 확장서비스 계획(initiatives)

아래는 기록보존소의 소장물을 활용하여 의회기록컬렉션의 확장서비스 활동을 성공적으로 수행할 수 있도록 제안하는 내용이 담겨있다.

- 분기 또는 반기로 하드카피 또는 기록보존소 웹사이트를 통한 온라인 소식지를 발간한다. 주제는 전시회, 세미나, 강연 또는 다른 프로그램들에 관한 핵심을 포함할 수 있다. 또한 컬렉션에 대한 부분 또는 전체 공개, 새로운 수집물, 그리고 논문과 서적의 출판물에 있는 컬렉션의 이용에 관한 연구 등이 주제가 될 수 있다.
- 강연시리즈나 세미나를 개최한다.
- 기록보존소 시설의 내부 투어를 제공하고, 물품 수송부터 완료까지 컬렉션의 운송을 강조함으로써 유력한 잠재적 기증자를 설득한다.
- 기록보존소 컬렉션에 따라 모인 출판물 목록을 유지한다. 그러한 목록은 기관의 행정을 기록화하는 데 있어 컬렉션의 가치평가에 유용하다.
- 기록보존소 컬렉션을 이용하는 연구자 목록을 유지한다. 연구자는 프로그램을 위한 좋은 홍보대사가 될 수 있고 강연과 세미나에 대한 잠재적 참여자이다.
- 열람실이나 도서관의 공적인 공간에 놓인 기증자에 관한 자서전이나 강연에 사인한 책을 정리한다.

- 새롭게 처리된 컬렉션의 은밀한 시연을 위해 "초청자에 한한" VIP 리셉션을 개최한다.
- 미디어 파일에 있는 필름과 비디오 장면으로부터 "선별된 단편 영화(shorts)"의 상영 또는 초연을 개최한다. 기록보존소 웹사이트에 올리기 위한 "최상의" 편집을 위해 또는 DVD 포맷으로 된 배급을 위한 디지털화하는 데 서명하도록 기증자를 확인하고 찾아낸다.

의회기록컬렉션을 통해 정부를 연구하는 공동체에 풍부한 확장서비스를 제공할 수 있다. 이 사진은 "교실에서의 의회"를 진행하는 모습으로, 덕센 의회센터의 후원을 받는 사회연구 교사 등을 위한 대중 워크숍이다. 이 센터는 일리노이주를 대표하여 하원의원(1933~1948)과 상원의원(1951~1969) 에브릿 맥킨리 덕센(Everett McKinley Dirksen, 1896~1969)을 기념한 것이다.

사진은 덕센 의회센터의 허락을 받아 사용함.

- 주제에 따른 세트 안에 "최상의" 이야기를 포장한다. 기증자가 이러한 세트를 디지털화하도록 찾아내고 해당 세트를 기록보존소 웹사이트를 통해 온라인에 올린다.
- 기록보존소 컬렉션에 있는 박스에 맞춤형 라벨을 만든다. 기증자의 선거운동이나 기증자의 공식적인 웹사이트로부터 다양한 상·하원의 문장, 폰트, 로고 또는 색상 설계와 같은 시각매체를 사용하는 것을 고려한다.
- 도서관 팟캐스트에서 컬렉션의 가장 중요한 부분을 식별한다.

부록

부록 A

의회기록컬렉션 관리의 발전 연표

1974 NHPRC에서 역사기록, 특히 정부와 관련된 기록을 보존하고, 정리 · 기술하기 위해 지원 기금을 받음.

1976 미국 역사학회, 미국 역사연구회, SAA에서 주최한 당대의 공인(public figures) 기록에 대한 접근 관련 회의를 인디애나주 뉴하모니(New Harmony)에서 개최하고 회의록을 발행함.

1978 미 상원의원 기록의 연구를 위한 이용과 처분에 관한 회의가 개최됨(9월 14~15일, 워싱턴 D.C.). 역사학자, 아키비스트, 의회 직원들이 "누가, 왜 상원의원 기록을 이용하는가?"에 관하여 고찰하기 위해 모였으며, 회의록이 발행됨.

1978 『아메리칸 아키비스트(American Archivist)』(vol. 41, no. 3)에 의회기록의 독특한 특성과 과제에 관하여 논하는 세 편의 논문이 수록됨.

1980   덕센의회센터(Dirksen Congressional Center)에서 제1회 의
회 리더십에 관한 전국 컨퍼런스를 후원함. 19명의 발표
자들이 구술사, 정량 데이터, 기록 자료들을 바탕으로 발
표하였으며, 급속하게 변화하는 환경 속에서 보다 많은
연구가 필요하다는 요구가 있었음. 회의록은 『의회 리더십
의 이해: 최신판(*Conference on Understanding Congressional
Leadership: The State of the Art)*』이란 이름으로 Congressional
Quarterly 출판사(Washington D.C.)에서 1981년에 발간되었
음.

1983   의회기록 편람에 관한 특별 기획그룹이 SAA에 보고서를
제출함. 이 보고서에는 의회기록컬렉션을 관리하기 위해
필요한 결정 및 절차에 대해 아키비스트들을 지원할 수
있는 매뉴얼이 필요하다고 지적함. 이 보고서는 지속적인
쟁점에 관한 목록만이 아니라 명확성과 실용성 차원에서
주목할 만함. 이 보고서는 하퍼스 페리 보고서(Harpers Ferry
Report)의 부록 D에서 재발행되었는데, 의회기록원탁회의
웹사이트(http://www.archivists.org/saagroups/cpr/projects.
asp)에서 전자 형태로 이용할 수 있음.

1984~   의회기록 문제가 20세기 컬렉션과 관련된 대표적인 문제
1994   로 부상함. 『아메리칸 아키비스트』에 수록된 6개의 논문
들에서 의회기록들이 중복된 채로 부피만 크게 차지하고,
은폐 후 처리되지도 않으면서 경쟁적으로 긁어모으기만

할 뿐 적절히 관리되지 않고 있다고 지적하였음. 이런 의회기록들은 존재할 수 있는 모든 매체 형태가 뒤섞여 있고, 대중의 논란거리를 불러일으킬 만한 주제들을 종종 포함하고 있으며, 기증자와의 관계 또한 복잡함. 이런 기록들이 기록보존소에서 수집하고 아키비스트들이 처리하는 의회기록 중 많은 비중을 차지하고 있음.

1984 워싱턴 D.C.에서 개최된 SAA 연례회의에서 의회기록컬렉션과 관련된 12명의 아키비스트들은 공통의 관심사를 공유하고 인식하기 위해 비공식적인 만남을 가졌음. 청원 절차 처리가 완료된 후, 제1회 의회기록원탁회의가 1986년 시카고에서 열린 SAA 연례 회의에서 진행됨.

1985 NHPRC와 덕센의회센터의 후원 하에 19명의 역사학자, 아키비스트, 관리자들이 의회기록에 관련된 문제점을 심사하기 위해 웨스트버지니아주(West Virginia) 하퍼스 페리(Harpers Ferry)에 모임. 주최자들은 회의에서 문제의 해결이 아닌 문제 사실을 드러내는 데 초점을 맞춤. 이 모임에서 기증자와의 관계, 기록관리부터 보존 및 접근에 소요되는 비용과 메커니즘 등이 쟁점으로 다루어짐. 미국 의회는 유일한 기관이기 때문에 의회기록 역시 중요하다고 공표함. 의회기록을 보존하기 위해서 노력을 배가하는 것이 요구됨. 의회기록컬렉션의 평가, 협상, 입수, 이관, 처리와 컬렉션의 서비스에 관한 쟁점들은 하퍼스 페리에

서 거의 논의되지 않았으며 명확하게 해결되지도 않았음.

1985 카렌 폴이 집필한 『미국 상원 및 상원 기록의 보존을 위한 기록관리 지침서』(*Records Management Handbook for United States Senators and Their Archival Repositories*)의 초판이 상원역사국에서 간행됨. 이 간행물을 통해 기록관리를 위한 지침이 상원 의원실에 제공됨. 간행물 내의 권고사항들은 자발적 참여에 달려있어 의원실마다 받아들이는 정도에 차이가 발생함. 이 책은 전례가 없는 잔무들에 직면하고 있는 기록보존소의 아키비스트들이 활용할 수 있는 유일한 참고서 역할을 함. 현재 기록보존소에 소장되어 있는 의회기록컬렉션 중 많은 수는 권장된 기록관리지침을 거의 따르지 않고 있음.

1986 NHPRC가 1985년 회의에서 의회기록컬렉션과 기록보존소를 위한 최소한의 기준을 정립하기 위한 권고사항들을 『의회기록 프로젝트 보고서(하퍼스 페리 보고서)』[*Congressional Papers Project Report*(Harpers Ferry Report)]로 간행함. 의회기록컬렉션을 관리하기 위한 편람과 출판물, 그리고 아키비스트의 양성을 개선하기 위한 전략이 높은 투자 우선순위에 선정됨. SAA가 보고서 간행 절차에 있어 중요한 활동 주체로 명시되어 있음.

1990 의회는 의회문서를 보존하는 데 관심을 가지고 1990년 11월 의회기록 자문위원회를 설립함(「공법(public Law) 101-509」). 이 위원회는 하원 서기장, 상원 사무처장, 상·하원 역사학자, 상·하원 지명인, 아키비스트로 구성됨.

1991 신시아 피스 밀러가 작성한 『의원기록의 처분을 위한 지침』 (*Guidelines for the Disposition of Members' Papers*)을 미국 하원역사국에서 배포함. 이 지침은 지속적으로 조직내부에서 개정되었으며 2006년 발표되었음.

1992 카렌 폴이 프로젝트 관리자로 참여하여 『의회의 기록화: 의회의 기록화 위한 의회기록원탁회의 태스크포스 보고서』 [*The Documentation of Congress: Report of the Congressional Archivists Roundtable Task Force on Congressional Documentation* (Washington D.C., S. Pub 102-20)]가 발간됨. 이 프로젝트를 통한 기록화 전략으로 의회 연구에 도움이 되는 폭 넓고 다양한 기록정보원에 대한 검토를 할 수 있게 됨.

1994 인디애나 폴리스(Indianapolis)에서 개최된 SAA 연례회의의 일부인 의회기록원탁회의가 의회의 컬렉션 입수, 처리, 참고에 관한 첫 번째 워크숍을 후원함. 허버트 J. 하트숙과 신시아 피스 밀러에 의해 교육이 이뤄진 후 이 워크숍은 향후 9년간 전국 곳곳에서 추가로 5차례 개최되었음.

1994 의회기록 컨퍼런스가 메인주(Maine) 포틀랜드(Portland)에서 개최되었으며, 이 회의는 노드우드 대학(Nordwood University)과 마가렛 체이스 스미스 도서관(Margaret Chase Smith Library)에서 후원하였음. 이 컨퍼런스를 통해 아키비스트, 역사학자, 학자, 정치가들이 만나 의원의 사적인 기록에 대한 접근과 이용, 보존에 대하여 논의하였으며, 회의록이 간행되었음.

1996 페이 필립스가 『의회기록관리: 미국 상·하원, 관련 인물 및 조직의 기록의 수집, 평가, 정리, 기술』[*Congressional Papers Management: Collecting, Appraising, Arranging and Describing Documentation of United States Senators, Representatives, Related Individuals and Organizations* (Jefferson, N.C.: McFarland & Company), hardback text, 191pages]을 출판함.

2001 워싱턴 D.C.에서 SAA 연례회의 이전에 열린 의회기록 포럼에서 참가자들은 효과적인 기록관리와 참고서비스 및 확장서비스 계획을 위해 자원들(resources)을 지원하는 동시에, 의회 연구 센터 설립과 기관 내에서 여러 유형의 컬렉션에 집중하기 위한 바람직한 방향에 관하여 논의함. 포럼에 참여한 의회 직원들은 의원실에서의 기록관리 실무에 관하여 논의함. 회의록은 2002년 3월에 간행됨(S. Pub. 107-42).

2002   (현재 200명 이상의 회원을 보유한) 의회기록원탁회의가 기록보존소에서 사용될 기록관리 지침 초안을 만들기 위한 태스크포스를 설립함. 이 프로젝트는 자금부족과 일관성 및 조정 역할의 부족으로 중지됨.

2003   의회 연구 센터 협회가 설립됨. 이 협회는 학생, 학자, 정책 입안자, 일반대중에게 의회 역사, 입법 절차, 의회 내 현재 의회가 직면하고 있는 이슈에 대해 교육을 하고, 상·하원 의원들의 기록을 포함한 의회기록을 보존하며, 이들 기록이 교육/연구 목적으로 사용될 수 있도록 하는 프로그램을 지원하기 위해 설립됨.

2005   20세기 생산 문서를 관리하는 많은 사람들이 그린(Greene)과 마이스너(Meissner)가 『아메리칸 아키비스트』 68권(2005년 가을호/겨울호)에 기고한 "More Product, Less Process: Revamping Traditional Archival Processing"에 공감을 함. 이 글에는 예전부터 언급된 변화에 관하여 촉구하고 1983년 임시위원회(Ad Hoc Committee)의 권고사항과 유사한 사항들이 많이 담겨 있음. 의회기록컬렉션이 검토의 주요 대상임.

2006   『미 상원과 기록보존소를 위한 기록관리 핸드북』(*Records Management Handbook for United States Senators and Their Archival Repositories*) 제4판이 출판됨.

2006 미 하원 서기장실(the office of the Clerk)에서 『의원들을 위한 기록관리 편람』(*Records Management Manual for Members*)을 출판함.

2006 의회기록원탁회의 조정위원회에서 기록보존소에 기반한 「의회기록관리 지침서」("Guidelines for Managing Congressional Papers")를 작성하고 출판·배부하는 것을 지원하기 위해 NHPRC에 보조금을 신청함. 이는 의회기록컬렉션을 보존하고 있는 미국 전역 수백 개의 기록보존소에서 근무하는 아키비스트와 관리자들에게 필요한 실용적이고 최신의 정보를 제공하기 위한 것임.

2007 NHPRC가 의회기록원탁회의의 「의회기록관리 지침서」 사업을 지원하기 위해 SAA에 보조금을 지원함.

2008 의원들이 생산한 문서를 올바르게 보존할 수 있도록 하는 「양원동의결의 307」(House Concurrent Resolution 307)이 미 의회에서 통과됨. 이 결의안은 이러한 기록들이 연방, 지역의 공공정책 이슈들을 기록하는 데 중요하다는 점을 담고 있음. 또한 이 결의안은 의원 개개인이 의회기록을 보존, 관리하기 위한 대책을 강구하는 데 책임을 질 것과 의원이 적정하다고 판단할 때에 이러한 문서들을 관리할 수 있는 설비를 갖추고 교육적인 목적을 지닌 연구 기관이 의원기록을 활용하도록 문서들을 보존할 것을 권장함.

부록 B

전문 네트워크와 지원

의회기록 관련 업무를 수행하는 기록보존소와 아키비스트들이 복잡한 컬렉션을 관리할 수 있도록 도움을 주는 다양한 정보원들이 있다.

실무를 담당하는 아키비스트뿐만 아니라 기관의 관리자는 SAA의 의회기록원탁회의를 통해 전문가로부터 빠른 조언과 지원을 받을 수 있다. 이처럼 특별히 관심을 지니고 있는 집단은 대부분 전문 아키비스트와 의원들의 공적·사적 문서들을 보존하는 데 관심을 가진 사람들로 구성되어 있다.

의원들 또는 의원의 대리인은 상원 역사국 또는 하원 역사·보존국 소속 보존 담당자의 지원을 받을 수 있다. 이들 두 기관은 의회 보존 센터나 의회 연구 센터 협회와 공동으로 기증자들과 의회기록 컬렉션을 보존하고 있는 기록보존소들을 돕는 주요 네트워크 중 하나이다.

의회 연구 센터 협회

홈페이지: http://congresscenters.org

이메일: info@congresscenters.org

의회기록원탁회의, SAA

홈페이지: http://www.archivists.org/saagroups/cpr/
(온라인 링크를 통해 운영위원회 위원들의 최신 연락처를 확인할 수 있음.)

미국 의회도서관

온라인 의회기록(1989년 이전): http://thomas.loc.gov

MINERVA 웹아카이빙 프로젝트: http://lcweb2.loc.gov/webcapture/

베테랑 역사 프로젝트: http://www.loc.gov/vets/

NARA, 입법부아카이브센터

홈페이지: http://www.archives.gov/legislative/cla/index.html

전화번호: 202-357-5350

이메일: Legislative.Archives@nara.gov

NARA 입법부아카이브센터에서 유지하고 있는 의회기록컬렉션 목록:
http://www.archives.gov/records_of_congress/index.html

NARA, 정보보호감독사무소

홈페이지: http://www.archives.gov/isoo/

전화번호: 202-357-5250

이메일: isoo@nara.gov

NARA, 웹기록 수집

홈페이지: http://www.webharvest.gov/collections/

구술사협회

홈페이지: http://alpha.dickinson.edu/oha

(온라인 링크를 통해 직원들과 의회 구성원들의 최신 연락처를
확인할 수 있음.)

미국 의회, 의회기록자문위원회

「공법 101-509」(1990. 11. 5.)를 통해 의회기록자문위원회가 설립됨.
이 자문위원회의 기능은 미 의회와 아키비스트에게 의회기록의 관
리와 보존에 대해 자문하는 것임. 자문위원회 보고서의 전문은 미
국 상원에서 관리하는 사이트에서 PDF 형식으로 열람할 수 있음.
홈페이지: http://www.senate.gov/artandhistory/history/common/
generic/Information_about_Senate_Archives.htm

미국 하원, 하원 역사·보존국

홈페이지: http://www.clerk.house.gov/about/offices.html
전화번호: 202-226-1300

미국 상원, 상원 역사국

홈페이지: http://www.senate.gov/artandhistory/history/common/
generic/Senate_Historical_Office.htm
전화번호: 202-224-6900

미국 상무부, 국립기술정보서비스(NTIS)

홈페이지: http://www.ntis.gov/

부록 C

기증서 예시

기록보존소
주소
전화번호

기증 및 수령 확인서

[기록보존소]는 _____로부터

　　　　　　　　　기증자 또는 위임받은 자 이름

_____

주소, 시, 주, 우편번호

다음에 명시된 기록을 감사의 마음으로 수령한다.

기증 내용:

기증자는 상기의 기록을 [기록보존소]가 사용할 수 있도록 이에 관한(그리고 이후 추가될 기록에 관한) 모든 권리, 재산권, 저작권을 양도하며, [기록보존소]에서 보유 중인 컬렉션 중 기증자의 서신이나 저서 내용에 대한 기증자의 저작권을 다음과 같이 제한 사항이 있지 않는 이상 [기록보존소]에 양도한다.

　　제한 내용:

　　나아가 [기록보존소]는 본 기증과 관련하여 금전 지출을 발생시키지 않을 것을 합의한다.

[기록보존소]에서 보유하지 않은 기록은
[　　] [기록보존소]의 재량에 따라 폐기(다른 기록보존소에 이관하는
　　　　것 포함)
[　　] 기증자에게 반환
[　　] 기타 설명:

본 양식은 서명 당사자들이 합의한 내용을 모두 포함하고 있다. 서명 당사자들이 기입하고 서명하지 않는 한 본 합의에 관한 변경 및 삭제는 유효하지 않다. 모든 기증품에 관한 최종 승인은 [기록보존소]의 장이 한다.

기증자 서명   [기록보존소] 기증받는 자 서명

날짜   날짜

제한 사항: 컬렉션은 컬렉션의 정리와 기술이 완료되고, 기증자가 서면으로 해당 컬렉션이 연구 목적으로 사용될 수 있다고 밝히거나 기증자가 사망할 시점까지, 기증자 또는 기증자 대리인을 제외하고는 연구 목적으로 사용할 수 없다. 기증자는 특정 대리인에게 해당 컬렉션에 관한 접근권한이 있음을 기록보존소*에 서면으로 이를 반드시 알려야 한다.

---

* 역자 주: 원서에 University로 되어 있으나 문맥상 기록보존소로 번역함.

부록 D

의원실 보좌직원 목록

    워싱턴 D.C.에 있는 의원실과 주/지역의 사무실까지 포함하면 보좌직원의 규모는 적게는 20명에서 많게는 60명을 넘을 수 있으며, 상위 부서와 위원장 부서에서 근무하는 직원의 규모가 더 크다. 보좌직원 수에 상관없이 수행업무는 동일하다. 의원실 전체 또는 보좌직원을 개별적으로 만나는 경우, 아키비스트는 각 직원의 직무를 파악해야 한다. 이는 기록보존소로 이관된 기록을 관리하는 데 도움을 줄 것이다.

    의원실에 따라 직책이 바뀔 수 있다. 다음에 열거된 중요 직책과 각 개인이 담당하게 될 문서는 의원실마다 상이할 수 있어 전반적인 지침으로만 사용되어야 한다. 워싱턴 D.C. 또는 주/지방 의원실의 보좌직원과 만날 때, 아키비스트는 주요 인원과 이들의 책무에 관한 설명을 요청해야 한다.

비서실장(Administrative Assistant) / 수석 보좌관(Chief of Staff)

- 의원 개인 기록철
- 주/지역 이슈 관련 기록철
- 선거 기록철
  주기: 이러한 기록철들은 공식적인 워싱턴 D.C. 또는 주 의원실에 보관되지 않는다.
- 기증서와 기록보존소 정보 기록철
- 입법 관련 기록철
  주기: 위 직원의 주요 사무실은 워싱턴 D.C.가 아닌 주/지역 사무실일 수도 있다.

주 책임자(State Director)

- 주 이슈 관련 기록철
- 의원들의 해당 주 내 이동에 관한 기록철
  주기: 본 직책은 보통 큰 주의 상원 의원실에 존재한다.

개인비서(Personal Assistant, Personal Secretary) / 일정담당(Scheduler)

- 의원 개인 기록철
- 여행 기록철
- 일정표
- 초청장
- 수집품(스크랩북 포함)
- 연설문

사무장(Office Manager) / 행정관(Administrative Officer)

- 인사 기록철
- 의원실 회계장부
- 기증서와 기록보존소 정보 기록철
- 보좌직원 목록(고용날짜 포함)
- 주간 보고서
- 연방기록센터 서고로 보낸 기록철에 대한 이관목록
- 의원실 편람

  주기: 일반적으로 이 직원은 선거 기간 동안 연락담당자 역할을 수행한다.

입법 관리관(Legislative Director)

- 입법 관련 문제에 관한 의원 메모
- 의원을 위해 준비한 의회 성명 초안
- 의원이 속한 위원회 업무 관련 기록철
- 입법 활동 직원 및 그들의 직무에 관한 의회의 목록
- 전당대회 기록철
- 투표 기록

입법 보좌관(Legislative Aides)

- 배경 및 연구 정보, 의안문서 사본, 입법 초안, 메모, 성명, 연설문을 포함하여 의회 주제에 따라 정리된 입법 기록철

입법 대서인(Legislative Correspondents)

- 유권자의 편지에 대한 답변으로 초안 작성된 서신

언론 담당(Press Officer)

- 대언론 공식발표
- 사진기록
- 연설문
- 시청각물
- 인터넷 자료

통신 담당(Correspondence Manager) / 우편실장(Head of Mail Room)

- 각 표준 답변이 언제 개정되었는지를 알리는 서신 라이브러리
- 최상위 10개 유권자 문제에 관한 주간 보고서
- 연방기록센터에 보낸 기록철 이관 목록

시스템 관리자(System Manager)

- 모든 의원실의 데이터베이스와 전·현직 보좌직원 기록철
- 기록보존소로 보낸 전자기록철 이관에 관한 기록
- 의원실 웹사이트 관리에 관련된 기록철

민원 담당(Caseworker)

- 개인 문제(민원)를 해결하기 위해 연방 부처에 개입을 요청한 유권자

  주기: 이러한 기록철은 주/지역 의원실에서 찾을 수 있다.

접수처

- 방문자 기록
- 전화 기록
- 일상적인 요청. 예: 의회 투어, 백악관 투어, 깃발, 사진

의장단 사무실 직원

- 입법 달력과 일정
- 정당 간부와의 커뮤니케이션
- 핵심 입법 사항에 관한 정당 입장과 공식 성명

부록 E

기록철 처분(disposition)을 위한 지침

다음 열거된 의회기록 범주에는 의원들의 성격, 관심사, 공적들을 잘 반영하는 기록들이 보존될 수 있도록 지원하는 일반적인 지침이 포함되어 있다. 이에 관한 최종 평가는 의원의 전문 분야와 관심사, 해당 주나 지역의 고유 성격과 관심사를 반영해야 한다.

쉽게 참고할 수 있도록 기록철들은 알파벳 순으로 목록이 되어 있고 해당 기록철을 컬렉션의 어디에서 찾을 수 있는지에 관한 정보가 포함되어 있어야 한다. 보유에 대한 권고는 다음 핵심사항에 따라 선정되었다.

보존
검토 결과 역사적 가치가 최소한이 아닌 경우, 해당 기록철들은 온전하게 보존한다.

검토
시리즈는 보존할 만한 가치가 있는지 적어도 폴더 수준에서 평가

해야 할 필요가 있다. 시리즈의 일부는 샘플링이 필요할 수 있다.

폐기

보존하지 않는다. 문서가 불필요하거나 기록보존소에 보내지 말았어야 할 기록건들이 포함되어 있는 경우 보존하지 않는다.

학교 관련 기록철(Academy Files)   폐기

유권자 서비스 기록철에서 찾을 수 있음.

학교 관련 기록철들은 군대 사관학교의 임명을 위해 요청된다. 일부 의원실에서는 지정된 후보에 관한 기록철들을 보존하기도 하지만, 대부분의 의원실들은 사적인 이유로 이러한 기록을 이관하지 않는데, 이는 피임명자의 기록을 학교에서 관리하기 때문이다. 이 기록철 중 상당수가 의원실의 웹사이트를 통해 바로 볼 수 있다.

기관/부서 기록철   검토

입법 또는 유권자 서비스 기록철에서 찾을 수 있음.

서신이나 행정 부서, 기관, 이사회 또는 위원회별로 정리된 특정 정보와 같이 시의성을 지닌 기록철이 있다. 의원의 주요 관심사와 관련된 것과 주요 이슈와 관련된 중요한 자료들은 보존한다.

다이어리, 주석이 달린 탁상 달력   검토

의원의 개인 기록철에서 찾을 수 있음.

시청각자료   검토

보통 언론 기록철이나 입법 기록철에서 찾을 수 있음.

연설, 텔레비전 인터뷰, 라디오/텔레비전 선거 광고, 본회의 회의
록 등이 포함된다. 일부 테이프들은 정확히 표기가 안 되거나 저장
이 잘못되어 손상되었을 수 있다.

의안문서철   검토

입법 기록철에서 찾을 수 있음.

의원이 단독발의 내지 공동발의한 법안에 관한 글과 관련 정보, 서
한은 보존한다. 중복된 것들은 솎아 낸다. 의원이 발의 또는 공동
발의하지 않은 법안에 관한 기록철, 의원 입법 관심사 밖인 문제에
관한 기록철, 해당 주/지역과 관계없는 기록철들은 폐기한다.

의원의 전기 관련 기록철   보존

개인 비서, 언론사, 의원실 공유 드라이브에서 찾을 수 있음.

각 판본은 하나씩 보존한다. 초기 신상정보는 종종 의원의 초기 경
력에 관한 더 정확한 정보를 제공한다.

도서

의원실 전체에서 찾을 수 있음.

의원이 집필 (한 세트 보존)

프레젠테이션 사본 (검토)

기타 (도서관의 다른 부서에서 사용할 수 있을지 검토)

브리핑 기록부(Briefing Books)   보존

입법 관리관 또는 입법 보좌직원 기록철에서 찾을 수 있음.

이 기록은 의원이 공청회나 의회 본회의에 참석하거나, 언론에 출연할 때, 또는 업무 상 출장(CODELS)*을 가게 될 때 중요한 현안에 대한 배경지식 등의 필요한 정보들을 모아놓은 것이다.

만약 의원이 위원장이거나 서열이 높은 위원일 경우, 브리핑 기록부는 위원회 기록부가 될 수도 있다(위원회 기록철을 보라). 브리핑 기록부가 복사본이며 접근 제한에 해당되는지에 대해 위원회 사무장과 확인할 필요가 있다.

선거 기록철   검토

의회의 의원실에서 보유하지 않음.

이 기록철은 기록보존소에서 보유하고자 하는 기록들이다. 미 상·하원 규칙에 따라 이러한 기록들은 공식적인 사무실 공간이나 기록보존소 안에 보존될 수 없다. 이러한 기록들에는 특별한 관리를 필요로 하거나 접근 제한이 필요한 문서들이 포함되어 있다. 이러한 기록들에는 투표 데이터, 연설, 여행 일정, 브리핑 기록부, 주와 지역 관계자 연락처, 재무자료, 캠페인 광고 등이 포함되어 있다.

개인정보 보호를 위해 기증자 목록은 폐기한다.

---

* (역자 주) 'congressional delegation'의 약어로서, 법률제정과 관련된 직접적인 지식을 법률 입안자에게 제공하기 위한 공식적인 해외출장을 의미함.

유권자 서비스 기록철에서 찾을 수 있고, 보통 주/지역 사무실에
서 취급됨.

이러한 기록철에는 개인 문제(민원사업)를 해결하기 위해 연방 부
처에 의원이 개입할 것을 요청하는 문서가 포함되어 있다. 이러한
기록철들은 분리된 시리즈나 기관의 기록철 중 일부에서 발견될
수 있다(아래를 참고하라). 의원실의 민원사업 담당자에게 보존되
어야 할 중요 사안철(case files)이 있는지 문의한다.

더 넓은 범위의 정치적 영향을 미친 사건의 기록철이 있는지 검토한
다. 이러한 기록철에는 탄진폐증, 석면피해제기, 독극물 폐기 등과
같이 입법을 이끌어 낸 경우도 있고, 자연해재나 산업, 경영, 지역
발전과 관련된 것도 해당되며, "양이 많은 기록철(fat file)"도 있다.

만약 기록들이 주제별로 구분되어 있다면, 상황이 허락하는 대로
검토한다.

보존된 민원사업 기록철들은 적합한 열람 제한대상이 될 수 있다.

라벨이 제대로 되어 있는지 확인한다. 일부 "사안철"은 도시, 사업,
주 기관, 비영리 단체에 관련이 있기 때문에 프로젝트 파일로 취급
하는 것이 더 적합할 수 있다.

개인정보 보호를 이유로 대부분의 의원은 기록보존소에 민원사업

기록철들을 이관하지 않으며 상당수의 기록보존소들은 이렇게 큰 규모의 문서들을 보존할 시설이 마련되어 있지 않다.

민원사업 보고서와 인덱스 검토

전당대회 기록철

의회 의원조직(Congressional Membership Organizations: CMOs) 부분을 참고하라.

발췌물 검토

언론 기록철과 입법 주제 기록철에서 찾을 수 있음.

이 기록들은 주나 지역의 중요한 이슈 또는 사람들에 관하여 발췌해 놓은 것이다. 발췌물들은 신문, 잡지, **회의록**(*Congressional Record*)에서 매일 취합되며, 의원과 보좌직원들에게 배포된다. 일부 의원실에서는 이메일을 통해 일간 언론에서 발췌한 것들을 배포한다.

언론 기록철에서는 의원과 연관된 기록들만 보존한다. 이러한 문서들은 스캔을 하거나 녹화를 한다. 주/지역 입법 이슈에 연관된 발췌물들은 해당 이슈와 연관된 입법 기록에서 찾을 수 있다.

위원회 기록철 보존

입법 기록철에서 찾을 수 있음.

여기에는 의원이 위원회에서 수행한 활동이나 의원실 직원이 준비한 것들과 관련된 노트나 브리핑 기록부, 기타 다른 기록들이 포함된다.

특별 주기: 미국 의회 위원회 공식 기록은 개별 위원회에서 관리하며, 미 상원과 하원 공식 기록은 각 의회 폐회 시 하원 서기장 또는 상원 사무처장에게 이관한다. 따라서 의원실 기록에서 공식 기록을 찾을 가능성은 낮다. 그러나 위원회 부서의 위원회 관련 자료와 소위원회 위원장 및 간부(야당 간부)와 연관된 자료들, 위원회 사무장에게 반환된 공식 위원회 문서들은 면밀히 검토해야 한다. 모든 의회기록컬렉션들은 기증자의 위원회에 연관된 내용물들을 포함하지만, 만약 기증자가 위원회의 위원장이었거나 간부급이었다면 위원회의 발간되지 않은 공식 문서가 기록보존소에 이관된 문서에 포함되지 않았는지를 반드시 확인해야 한다. 여기에는 위원장과 고위급 위원을 위해 준비되는 다음과 같은 자료들이 포함된다.

- 브리핑 기록부
- 위원회 명의의 서신
- 위원회 직원이 준비한 입법 기록
- 문서 추가 정보
- 조사 청문회 내용
- 확인 청문회 내용
- 위원회 명의의 메모
- 보도자료(위원회에 복사본이 있는지 확인한다.)
- 사본일 수 있는 위원회 간행물

위원장이나 고위급 위원들을 위해 제작된 위원회 기록 사본에는 원본과 같은 수준의 제한사항이 있을 수 있다. 간행되지 않은 위원회 자료들은 위원회에서 원본을 공개하지 않을 시 연구 목적으로는 공개될 수 있다. 위원회 기록에 관한 접근은 미 상원과 하원 규정을 따른다. 확실하지 않을 때에는 위원회 사무장에게 연락하면 된다. 연락 정보는 위원회 웹사이트에서 찾을 수 있다.

청문회 보고서 　　　　　　　　　　　　　　　　　　검토

입법 기록철에서 찾을 수 있음.
간행되지 않은 청문회나 보고서는 보존한다. 위원장이나 고위급 위원의 기록철에 대해서는 위의 특별 주기를 보라.

의회 예산정책국(CBO), 회계 감사원(GAO), 의회 조사국(CRS), 위원회 인쇄소(Committee Prints)에서 간행된 모든 보고서는 보존한다. 이러한 문서는 보통 의원 또는 위원회의 요청에 따라 준비되며 많이 배포되지도 않고 정부간행물 보관 도서관에 배포되지도 않는다.

위원회 청문회와 보고서를 폐기하기 이전에 정부간행물 보관 도서관이나 기타 다른 도서관과 상의를 하도록 한다.

의회 의원조직(CMOs) 　　　　　　　　　　　　　　　보존

입법 기록철에서 찾을 수 있음.
여기에는 해당 의원의 입법 조직, 정당 정책 조직, 전당대회, 연대 및 테스크포스팀과 관련된 기록들이 있다.

이 기록철들의 품질은 해당 의원의 참여 정도와 기록들이 정리된 방식에 따라 상이할 수 있다. 이러한 기록철들은 상원 또는 하원 내에서 이 기록들을 보존하기 위한 일괄적인 계획이 없기에 가치가 있다. 의원의 기록에만 문서로 남아있는 경우가 종종 있다.

회의록(Congressional Record) 합본   폐기

회의록은 1989년 이후(101회 의회) 의회도서관(http://thomas.loc.gov/)을 통해 인터넷으로 열람이 가능하나.

합본이 기록보존소에서 더 이상 필요하지 않을 경우, 같은 주 내에 있는 다른 도서관에 기증할 수도 있다.

회의록 발췌본   검토

입법, 언론, 의원 기록철에서 찾을 수 있음.
몇몇 의원실에서는 **회의록**에 나타난 의원의 발언에 관한 기록철을 개별적으로 보존한다.

유권자 서신   검토

U.S. 메일과 팩스, 이메일 등이 들어 있는 서신 기록철, 전자메일 및 웹사이트 메일, 입법 서한 기록철 등에서 찾을 수 있음.
방대하고 반복적인 편지들은 하드카피든 전자 메일이든 동일한 형식 서신을 이용한 서한들이다. 의원과 의원의 지인 사이의 개인적 서한을 제외하고는, 부서 내 "원본" 서한은 찾기 힘들다.

유권자 서신은 US 메일, 팩스, 이메일, 부서 웹사이트를 통해 수신된다.

2001년 탄저균, 2004년 리신 공격 이후 US 메일을 통해 부서에 들어오는 모든 서신은 X레이 검사가 되고 개봉된 채로 도착한다 (110~111쪽 참고).

유권자 서신은 주민의 삶이나 주/지역에 영향을 미칠 수 있는 범국가적 사항에 관한 지역 의견을 반영하는 중요한 자료이다. 의원에게 중요한 이슈인지 검토를 할 수 있는 최고의 잣대는 주간 서신 보고서이다. 여러 의원실에서는 한 주 동안 수신된 편지와 전화를 기반으로 한 상위 "10대 이슈"에 관한 요약을 의원을 위해 준비한다. 이 보고서는 부서 담당관 또는 우편물실장이 보존하며, 기록보존소 내에서 분리된 기록으로 보존되어야 한다. 만약 의원실에서 주간 보고를 시행하고 있지 않을 경우에는 주요 문제에 관한 서한 샘플링이 필요할 수도 있다.

주민 서신과 서신 X-레이 검사 필요성, 전자 메일 기술 노후화로 인한 개인 신상정보 보호 문제가 있다.

축하/애도 편지 (검토 및 폐기)
여기에는 유권자로부터 주고받은 서한들이 포함된다. 일부 서신은 폐기 이전에 검토할 필요가 있을 수 있다.

민원 (폐기)
여기에는 의사당 깃발 프로그램(flags), 사진기록, 자서전, 법안, 의회 및 백악관 투어 등에 관한 정기적인 요청들이 포함된다.

협박장 (검토 및 폐기)

이들 기록철은 폐기하기 전에 검토가 필요하다.

중복 내용의 서신 (검토 및 폐기)

대부분 대량으로 배달되는 우편물이다. 대개 특정 이익집단이 인쇄본, 엽서와 같은 종류이다. 폐기 이전에 검토가 필요하다.

이슈 메일 (검토)

이러한 서신들은 형식이 정해지지 않은 편지함으로, 주나 지역 또는 의원에게 중요하다고 판단될 경우 보존하거나 샘플링할 필요가 있다.

학생들로부터 온 편지 (검토 및 폐기)

학생 편지에는 종종 사람들의 흥미를 불러일으키는 사건이나 전시적인 가치를 지닌 경우에 샘플링이 필요할 수 있으나, 일반적으로 보존할 만한 가치가 없는 정보를 위해 요청한 것이다. 수량, 날짜, 학교명, 학년에 관한 기록은 남길 필요가 있을 수 있다.

다른 주에서 온 서한 (검토 및 폐기)

많은 의원실에서는 해당 주에서 선거권이 없는 주민에 관한 서신을 보존하거나 이에 관한 답변을 하지 않는다. 만약 해당 의원이 주요 정책이나 법안에 관한 선두적인 옹호자라면 서신에 관한 평가를 수행할 필요가 있다.

가족 및 친구와 주고받은 서신 　　　　　　　　　　　보존

기타 의원, 백악관 직원, 국무위원, 주/지역 공직자, 　보존
기타 고위관리

의원 기록, 수석 보좌직원, 입법 관리관의 기록철 또는 입법 기록
철에서 찾을 수 있음.

여기에는 의원이 서술한 **"동료에게 보내는 서한"**이 포함되어 있다.
이러한 자료는 접근 제한 대상이 될 수 있다.

외부 발신 서신

정형화된 답장(Form Responses)　(보존)

편지 도서관(Letter Library)으로 불리는 이러한 서신은 해당 부서
에서 지역유권자에게 발송한 답변 형식이고, 여기에는 현안에
관한 의원의 입장이 반영된다. 각 서신에는 작성하여 대체된 날
짜가 적혀 있어야 한다. 이 서신들은 의원실 시스템 관리자가 전
자 문서로 보존하거나 우편실에서 보존해야 한다. 의원실에서
보존할 때에는 모든 서신을 보존할 필요성이 있다.

개인적인 서신　(보존)
의원 기록철 또는 개인비서 기록철에서 찾을 수 있음.

이 기록들은 접근 제한 대상이 될 수 있다.

결정사항이 적혀 있는 메모 　　　　　　　　　　　　보존

의원기록철 또는 입법 기록철에서 찾을 수 있음.

이러한 메모들은 보통 입법 관리관 또는 수석 보좌관이 의원에게 보낸 메모로 의원이 결정을 해야 하는 이슈나 주제에 관한 개요를 포함하고 있다. 여기에는 의원이 결정해야 할 항목이 전면 하단에 포함되어 있는데, 보통 "예/아니요"를 표시하는 박스로 되어있고 의원이 서명을 해야 한다.

부서 기록철

기관 기록철 부분을 보라.

의원의 일기   보존

의원 기록철에서 찾을 수 있음.
이 기록은 접근 제한 대상이 될 수 있다.

복사본   폐기

전시용 또는 그 밖의 용도로 사용하기에 좋다고 판단되지 않는 이상 모든 사본은 폐기한다.

전자기록   검토

의원 기록철과 의원실 보좌직원의 기록철에서 찾을 수 있음.
전자기록의 폐기는 각 의원실에서 전자문서를 다른 방식으로 생산·보유하며, 기록보존소마다 해당 기록을 보존·접근하는 능력이 상이하기에 전자기록에 관한 처분을 단일하게 규정하는 것은 불가능하다.

모든 의원실에는 전자문서가 있고, 일부 의원실에서는 모든 문서를 전자문서로 보존한다. 어떤 의원실에서는 여러 시스템을 사용할지도 모른다. 보좌직원들은 개인용 컴퓨터를 사용하고, 서신 관리 시스템(correspondence management system)이 사용될 수 있으며, 문서 처리와 사진 처리를 위해 스캔 프로그램이 사용된다. 그리고 메시지 수신과 송신, 통신을 위해 웹사이트가 운용된다.

의원실의 백업 시스템에는 과거부터 현재까지 보좌직원들이 생산한 모든 파일이 저장된다.

하드드라이브는 이관하는 것이 불가능하지만, 상원 의원실에서는 모든 의원실의 파일을 이관을 위해 CD에 복사할 수 있다. 이때 전자문서를 적합한 박스에 대응시키고 검색도구에서 상호참조가 새로 첨부되어야 하기 때문에 추가적인 절차가 필요하다. 하원 의원실에서는 전자기록을 기록보존소로 이관하기 위해 복사 지원이 필요한 경우, 하원 기술서비스부(Technical Service Representative: TSR)에 문의를 해야 한다. TSR의 경우 유권자 관리 소프트웨어(Constituent Management Software: CMS) 자료를 플랫 파일(flat file)로 복사하는 경우 지원을 해줄 수 있지만, 서신, 보고서 등을 이관하는 데 가장 좋은 방법은 하드카피(hard copy)를 이관하는 것이다.

모든 의원의 서신은 서신 관리 시스템에 의해 관리되며, 이 시스템에서 수신되고 있는 서신과 개인 유권자와의 커뮤니케이션, 수신과 송신 문서 링크 등이 관리된다. 상원과 하원 의원실에서는 어떠한 문서들이 이관될 수 있는지에 관하여 해당 기술 지원부서에 연락을 취해야 한다.

사진기록은 별개의 다른 전자시스템에 이미지 형태로 저장되어 있을 수 있다.

언론 공개 문서, 뉴스레터들은 별개의 전자파일로 저장되며, 의원실 공유 드라이브 또는 별개의 전자시스템에 저장될 수도 있다.

하원 정보자원 부서(HIR)에서는 HIR이 관리하는 의원 웹사이트의 복사본을 만들 수 있다. 독자적으로 웹사이트를 관리하는 하원 의원들은 웹사이트 콘텐츠를 스스로 복사할 수 있다.

상원 의원들은 웹사이트 내용을 철저하게 보존하고자 할 경우, 주기적으로 웹사이트를 점검해야 한다.

의회도서관은 MINERVA 웹 아카이빙 프로젝트를 통해 정식 웹사이트(107회 의회부터 시작), 후보자의 웹사이트(선출 여부에 상관없이)를 포함하여 디지털 형태로 생산된(born digital) 기록정보자료를 수집 · 보존한다.
(http://kweb2.loc.gov/webcapture/를 참고하라.)

2004년, NARA에서는 모든 정부를 대상으로 웹사이트에 관한 웹 수집을 시작하였고, 각 의회의 대가 종료될 때마다 의회 웹사이트를 캡처하고 있다. 이들 기록은 스냅샷(snapshots) 방법으로만 캡처하고 있다.

(http://www.webharvest.gov/collections/를 참고하라.)

오로지 전자적으로만 보유되는 매체를 식별하는 작업은 컬렉션을 지적으로 통제하는 핵심이다. 검색 도구에서 해당 기록철이 어떤 매체로 생산·보존되었는지를 주지하고 있어야 한다.

자산 공개 보고서   보존

의원실 관리자 또는 개인비서 기록철에서 찾을 수 있음.

이 기록들은 접근 제한 대상이 될 수 있다.

보조금 요청

주/지역 기록철을 보라.

초청장   (검토)

의원 기록철, 의원 비서 기록철에서 찾을 수 있음.

초청 수락 (검토)

초청장이 해당 행사에 관한 다른 출장 기록철이나 스케줄의 일부라면 보존한다. 저장 공간에 제약이 있고, 초청장이 별도로 편철되어 있다면 샘플링한다. 몇몇 초청장(백악관 서신) 등은 스크랩북에서 찾을 수 있다.

초청 거절 (폐기)

임용지원서 및 이력서   검토

의원실 관리자 기록철에서 찾을 수 있음.

비채용 (폐기)
채용   (보존)

의장단 기록철   보존

의원 또는 해당 참모의 기록철에서 찾을 수 있음.

이들 기록은 입법 절차, 정당 구성과 활동에 관한 문서들을 포함하고 있어 중요하다.

입법 기록철   검토

입법 관리관, 입법보좌관 기록철에서 찾을 수 있음.

의안문서철과 브리핑 기록부도 참고한다.

위원회 안건, 주/지역 현안과 연관되어 있는 기록철과 여백에 주기가 적혀있는 기록들은 보존한다.

동일한 입법 주제도 의원의 서비스 과정을 넘어서 다른 보좌직원에 의해 다뤄질 수도 있다. 입법 관리관 또는 의원실 관리자는 동일한 입법 자료를 처리할 때 용이성을 고려하여 이들 안건에 관한 목록을 보존해야 한다.

기록철은 일반적으로 주제나 의회에 따라 조직된다. 의원실마다 파일링 시스템이 상이하며, 보좌관마다 자신만의 파일링 시스템을

가지고 있다. 일부 의원실에서는 중앙집중적으로 기록철을 보유할
수도 있다.

해당 의원이 본회의에서 발언했을 때에는 회의록 사본이 기록철에
포함되었을 수도 있다.

특수한 미디어자료는 모두 검색 도구 내에서 상호 참조되어 공통
으로 관리되어야 한다.

전 · 현직 보좌직원 목록   보존

의원실 관리자 기록철에서 찾을 수 있으며, 입법 직원 목록은 입법
관리관 기록철에서 찾을 수 있음.

기념품, 명패, 상패   검토

의원실 전체에 걸쳐 찾을 수 있음.

의원실에서 생산한 것으로 보이는 인벤토리는 보존한다. 전시에
유용한 자료들 또한 보존한다. 사본이 필요하다면 해당 자료가 기
록보존소로 이관되기 전에 사진을 촬영하거나 스캔하도록 한다.
이러한 자료들은 일반적으로 의원이 보유하고 있다.

보좌직원 회의록   보존

수석보좌관 또는 의원실 관리자의 기록철에서 찾을 수 있음.

유권자에게 발송한 뉴스레터 및 기타 서신   보존

언론 기록철에서 찾을 수 있음.

복사본 하나는 보존한다. 이러한 자료들은 스캔, 복사, 촬영할 수
있다.

의원실 관리를 위해 일상적으로 생산되는 기록철   폐기

의원실 관리자 기록철에서 찾을 수 있음.

의원실 보급품, 주차권, 도서관 대출, 지원서, 출장과 관련된 기록
들이 이 항목에 포함된다.

회계장부와 증빙서는 반드시 12년간 보존하여야 한다. 상·하원의
기록처분일정표(records schedule)에 따라 보존한다.

의원실 정책지침 및 메모   보존

의원실 관리자 기록철에서 찾을 수 있음.

인사 관계철   보존

의원실 관리자 기록철에서 찾을 수 있음.

의원이 재직하는 동안 보존되어야 한다.

진정서   폐기

서신 기록철에서 찾을 수 있음.

날짜, 주제, 서명 숫자를 포함한 표지를 보존하는 것을 고려할 수
있다.

사진기록

언론, 출장, 의원 기록철에서 찾을 수 있으며, 전자적으로 보존될 수도 있음.

유권자와 촬영한 사진 (검토 및 폐기)

기록철에서 분류하기 쉽다면, 특별한 경우로서 보존하는 것이 이로울 수 있다. 보존한 사진들은 날짜, 장소, 사진 내 인물들을 식별하여 보존한다.

특정 활동과 행사 (보존)

동일한 이벤트에서 여러 장이 찍힌 사진은 중복을 막기 위해 제거할 수 있다.

정체불명의 사진 (검토)

정치 활동 기록철   보존

의원, 수석 보좌관, 선거/서한 담당자의 기록철에서 찾을 수 있음. 이들 기록은 일반적인 정치적 접촉 및 활동과 관련이 있다. 대개 국가적 또는 주 차원의 정당 활동과 관련되어 있다.

투표 데이터   보존

선거 기록철에서 찾을 수 있음.

언론 기록철 보존

언론 담당 사무실 기록철에서 찾을 수 있음.

주제에 따라 연차별로 정리하고 반복되는 문서는 폐기한다.

언론 공개 문서, 칼럼, 사설, 질의응답, 기명 논평, 언론 문서 등이 포함된다.

사진들은 날짜, 이벤트, 사진 내 인물들을 식별하여 보존한다.

시청각자료에는 라디오 녹음 테이프, TV 출현 자료 등이 포함된다.

언론사 메일링 목록 폐기

언론 기록철에서 찾을 수 있음.

언론 보도자료 보존

언론 기록철에서 찾을 수 있음.

사본 하나는 보존하되, 연대순으로 조직한다. 마이크로필름으로 촬영하거나 스캔할 수 있다.

프로젝트 기록철 검토

주/지역 기록철을 참고하라.

출판물 검토

모든 기록철에서 찾을 수 있음.

모든 사본은 폐기한다.

일반적으로 접근 가능한 출판물 (폐기)
주요 정기 간행물, 연간 보고서, 흔히 구할 수 있는 책과 참고 자료가 이 항목에 포함된다.

회의록 (검토)
회의록은 1989년 이후 온라인에서 열람 가능하다.(http://thomas.loc.gov). 합본 회의록은 폐기하거나 해당 주 내 학교나 도서관에 배부한다. 의원실에서 수집한 발췌 회의록은 모두 보존한다.

주/연방 부처 출판물 (검토)
의회예산국, 회계감사원, 의회조사국, 위원회의 요청으로 준비된 모든 보고서는 보존한다. 이러한 문서는 보통 의원 또는 위원회의 요청에 따라 준비되며 많이 배포되지 않는다. 입법 기록철에 속하는 자료들은 보존한다.

기록보존소에서 활용 가능한 출판물 (보존)
분실된 총서 시리즈, 참고에 유용한 복사본, 도서관의 컬렉션을 보충할 만한 자료들이 이 항목에 포함된다.

추천서/임용 기록철
의원, 수석 보좌관, 의원실 관리자 기록철에서 찾을 수 있음.

정부 고위직 추천서 (보존)

임명장 (검토)

이들 기록은 접근 제한 대상이 된다.

일반적인 추천서 (폐기)

참고 기록철   검토

기관 또는 주제 기록철, 또는 입법 직원과 연설문 작성자 기록철에서 찾을 수 있음.

이 기록들은 특정 주제 관련 배경 자료에 관한 큰 덩어리 또는 분리된 시리즈로 구성되어 있을 수 있다.

일정표   보존

개인 비서, 수석 보좌관, 의원 기록철에서 찾을 수 있음.

이 기록들은 전자문서로 보존되고 있을 수 있다. 하드카피로 보존하고 있다면, 매일 사본으로 일정에 대한 수정사항들이 기록으로 남아 있는지 확인한다.

스크랩북   보존

의원 또는 개인 비서 기록철에서 찾을 수 있음.

스크랩북은 훼손되기 쉽고 스크랩북 내에 자료가 부착되어 있거나 특별한 관리방식이 요구될 수 있어 보존에 신경 써서 관리해야 한다. 촬영해 두는 것을 고려한다.

연설문 기록철   보존

언론, 출장, 연설문 작성자, 선거 기록철에서 찾을 수 있음.

연설문들을 연대별로 구분해서 보존하는지 문의한다.

보좌직원 목록   보존
의원실 관리자와 입법 관리관 기록철에서 찾을 수 있음.

주/지역 기록철   검토
보좌직원의 프로젝트 및 보조금 관리 기록철에서 찾을 수 있음.
주 또는 지역 문제에 관련된 특정주제 기록철과 연방 보조금을 받
는 주 또는 지역의 프로젝트 관련 기록이 여기에 포함된다. 보조
금, 사업 보고서 색인은 보존한다.

아키비스트는 워싱턴 D.C.에서 보존하는 기록철과 주나 지역 사무
실에서 관리하는 기록철을 비교해야 한다. 종종 지역에서 보고된
기록이 워싱턴 D.C.의 의원실에서 생산한 기록보다 완성도가 높은
경우가 있다. 이는 워싱턴 D.C.에서 관심을 가지기 전에 지역 사무
실에서 현안에 더 근접해 있기 때문이다. 또한 주 또는 지역 사무
실은 연설문을 포함한 출장 자료를 보존하는데, 이는 워싱턴 D.C.
의원실에서 보존하는 기록철에 보조로 사용될 수 있다.

통화 기록부   보존

출장 기록철   검토
의원실 관리자, 개인 비서, 주 감독관 기록철에서 찾을 수 있음.
일정표, 브리핑 자료, 사진, 출장에 관련된 노트들은 보존한다. 공

식 의회 출장에 관련된 자료들은 접근 제한 대상일 수 있다. 티켓과 출장 지침서는 폐기한다.

방문자 기록부   보존

투표 기록   보존

입법 관리관 기록철에서 찾을 수 있음.

모든 투표에 관한 목록으로 각 의회 활동 종료 시 생성되며 하드카피 또는 온라인으로 열람이 가능하다.

웹사이트

전자기록 부분을 보라.

주간 보고서   보존

의원실 관리자 또는 수석 보좌관 기록철에서 찾을 수 있음.

보좌직원의 활동과 수신된 서신에 관한 개요 보고서이다. 모든 의원실에서 이와 같은 보고서를 제작하지는 않는다.

저작물과 수고본   보존

의원 기록철, 언론 기록철에서 찾을 수 있음.

서적, 기고문, 일기, 논설, 논평이 포함된다. 기증자가 저작권을 보유하고 있을 수 있다.

부록 F

자주 묻는 질문과 그에 대한
답변(FAQs)

의회 아키비스트를 위한 신속한 답변

이하의 FAQ는 아키비스트가 의회컬렉션의 획득, 처리, 그리고 이용 관련 업무를 수행할 때 직면하게 되는 딜레마에 대한 방향성을 일정 부분 제시한다.

각 주제에 대한 충분한 논의를 위해 아래 글을 참고하시오.

■ 자신의 컬렉션 중 일부분만을 기증하기를 원하는 선출직 공무원을 어떻게 상대할 것인가?

의회와 지역, 주에서 생산한 서류와 의원 자신의 유산에 대한 중요성을 의원(과 핵심 보좌직원)과 논의하시오. 상원 및 하원의 기록관리 지침에 따라 보유하도록 권장된 모든 기록 시리즈는 의원의 활동과 업적을 충분히 기록하기 위해 필요하다는 것을 설명하라.

　　또한 사생활을 보호하기 위하여 선별된 기록철의 시리즈를 비공개할 것인지에 대하여 논의하라. 개인 서한과 사안철이 가장 일반적인 경우이다.

　　만약 기록보존소가 이 컬렉션을 강력하게 입수하고자 한다면, 기증서에 새로운 계약서 작성 없이 그 컬렉션에 대한 추가 기증을 수락하는 단서 조항을 포함해야 한다.

- ■ 취급하고 있는 수집물 및 기념품을 기증자의 반대 없이 어떻게 매각, 이전, 거절할 수 있는가?

　　기록보존소는 수집물과 기념품의 적절한 보존을 위한 공간과 시설을 거의 가지고 있지 않다. "실물(realia)" 또는 수집물이 기록보존소의 사명에 부합하지 않는다면 일반적으로 실물을 배제하는 기록보존소의 수집 정책을 인용한다. 이러한 현안은 기증서가 작성될 때 가장 잘 통제될 수 있다. 물리적인 아이템 그 자체보다 중요 기사에 포함된 정보를 보존하는 것이 중요함을 강조한다. 해당 아이템과 관련된 업적과 사건, 관계를 기록화한다. 복사 명판(photocopy plaques)과 인증서, 그리고 사진을 제공하거나 해당 컬렉션 내에 포함되는 박물류(three dimensional objects)에 대한 상세 목록을 만든다. 현직 의원의 보좌직원이 이 작업을 도울 수 있을 것이다. 가능하다면, 보존이 필요 없거나 상대적으로 보존 또는 진열하는 데 비용이 들지 않는 소수의 중요한 아이템들을 전시 목적으로 선별하라.

개인적으로 중요한 기사의 감정적인 가치를 존중하고, 공공도서관, 역사협회 또는 지역박물관과 같은 대안적인 기관을 제시한다. 그 기관들은 이 자료들의 지방색, 역사적인 가치, 설명력, 그리고 전시적 가치에 관심이 있기 때문이다.

■ "적법하게" 기증품(legacy)을 획득할 수 있는 절차에 "도움"을 줄 수 있는 기증자와 가족 또는 직원들을 어떻게 상대할 것인가?

컬렉션을 정리하고 기술하는 데 국가표준을 사용하는 전문적인 훈련을 받고 숙련된 아키비스트에 대하여 구체적으로 설명한다. 그리고 의회기록컬렉션과 관련하여 전문성을 가진 아키비스트의 네트워크를 인용하도록 한다. 기증자에게 다른 의회기록컬렉션의 검색도구를 보여주는 것이 도움이 될 수 있다.

기증자, 기증자 가족 그리고 보좌직원들은 설명이 붙지 않은 사진과 기타 다른 시청각자료들을 식별하는 데 있어 대단히 유익한 조력자가 될 수 있다. 그들을 구술 프로젝트에 참여시킬 수도 있다.

■ 컬렉션 저작권을 누가 소유하는가?

공무 수행 중에 의원이 생산한 자료들은 저작권에 적용되지 않는다. 보좌직원이 생산한 자료 역시 마찬가지이다.

의원은 공무 이외의 작업에 대한 저작물의 저작권보호를 받는다. 증서에는 기증자가 저작권을 소유하는지 저작권을 기록보존소로 이전하였는지 등의 내용이 상술되어야 한다.

개별적인 생산자는 그의 작업에서 만들어진 저작물에 대해 저작권을 갖는다. 의회기록컬렉션도 다른 사람이 저작권을 소유하고 있는 자료들을 포함하고 있다. 여기에는 서한, 보고서, 예술작품, 출판물이 포함된다.

■ 무엇을 처음으로 처리해야 하는가?

물리적·지적 통제를 하기 위해 철저한 조사를 수행하라. 이 단계를 저평가해서는 안 된다. 실제적인 처리계획을 만든다. 시리즈 수준의 정리 계획을 세우기 전에, 박스 수준의 목록을 만들기 위해서 '대분류'하는 데에서부터 시작한다.

처리 우선순위를 구성할 때 고려할 요소들: 보존 필요성이 낮거나 접근제한이 없는 기록과 같이 처리하기 손쉬운 시리즈들이 존재하는가? 이러한 자료들은 신속하게 공개될 수 있다. 기증자(또는 그의 전기작가)가 가까운 미래에 필요로 할 자료들이 있는가? 현재 관심거리가 되거나 연구자들이 많은 요구가 있는 현재의 관심거리 또는 기존의 컬렉션에 연구가치를 추가하는 특별한 주제가 있는가?

많은 아키비스트들은 공공기록에 중요한 자료, 그리고 사생활 또는 정부규제에서 벗어나는 자료에서 시작한다. 여기에는 연설문, 보도자료, 소식지, 신문기사, 회의장 회의록 사본, 라디오 또는 텔레비전 인터뷰가 포함된다. 이 기록철들은 쉽게 식별될 뿐더러 이미 모아져 있는 경우가 많다. 또한 이 기록들은 해당 컬렉션의 내용과 관련된 단서를 제공함으로써 입법자의 관심과 활동에 대한 통찰력을 제공한다.

모든 시리즈를 동일한 수준으로 처리할 필요가 없다는 점을 기억하라.

■ 적은 공간에서 방대한 기록을 어떻게 처리할 것인가?

방대한 컬렉션은 평균보다 더욱 큰 처리 업무와 공간을 필요로 한다. 공간 확보를 위한 협상을 하면서 처리공간이 클수록 더욱 빠르게 처리할 수 있다는 점을 강조한다. 다른 곳에 처리 공간을 얻게 된다면 "대분류(big sort)"에 따라 펼치고 만들 수 있다. 물리적인 통제는 지적인 통제의 핵심이다. 적정한 공간을 확보한다면 실수를 피하고 앞 공정에서 시간을 절약할 수도 있다.

박스 수준에서의 지적인 통제를 수립한다. 컬렉션을 구성부분, 즉 시리즈와 하위 시리즈로 쪼개고 하나의 하위시리즈에서 작업한다. 떨어져 나온 기록철(orphan files)이 그 컬렉션 전체에 산재해 있다는 것을 인지한다. 융통성 있게 처리하면 기록철들이 각각의 하위 시리즈 내에 편입될 수 있을 것이다.

- 하원 또는 상원 기록관리 매뉴얼에 있는 기술과 유사하지 않은 방식으로 자료들이 박스에 넣어져 표지가 붙거나 접혀져 있다면 어떻게 하는가?

1990년대 이전 또는 그 기간에 생산된 컬렉션은 좀 더 다양성을 갖는 경향이 있고, 복합적인 방식으로 표시가 붙은 이러한 기록철을 찾기는 어렵지 않다. 이 기록철들의 대부분은 의회기록관리를 위해 제안된 주제(개인, 입법, 유권자 서비스, 언론, 행정 등) 아래 포함될 수 있다. 이러한 많은 기록철들이 합쳐질 수 있고, 그래서 기록보존소 직원과 연구자들은 모든 부문에 있는 박스를 풀기보다는 컬렉션의 한 부문을 조사할 수 있다. 핵심은 일관성이다. 컬렉션 전체에 대한 지적인 통제를 제공하기 위해 동일한 주제가 편철된 여러 방식의 '쪽지

(cheat sheet)'를 개발하는 것이 유용할 수 있다. 이러한 다양성은 검색 도구에 기입되거나 박스 수준에서 '도보라(see also)' 형태로 기입된다.

하원과 상원 집무실에서 권고된 기록관리 지침이 보다 많이 채택 될수록 향후 의회기록컬렉션은 좀 더 체계적이고 예측가능한 형태로 나타날 것이다.

■ 어떤 자료가 최고의 연구가치를 가지고 있는지 어떻게 아는가?

연구 관심은 절대로 완벽하게 예견될 수 없으며, 시간에 따라 달라 진다. 최상의 연구가치는 대개 의원의 입법적 관심, 지역이나 주와 관련된 주요 주제, 그리고 의원이 포함된 정당지도부 지위와 관련된 기록철들에서 발견된다. 이러한 기록들은 개인서한, 위원회 배정, 정 당 기록철, 입법부 직원 기록철, 보조금/프로젝트 기록철 등을 포함한 다. 최상의 연구 가치는 어떤 제한을 가진 자료와 연결될 수 있다는 사실을 유념하도록 한다. 이러한 자료들은 보통 구체적인 처리가 필 요하다.

■ 기록 내에서의 중요한 격차(gap)들을 어떻게 설명할 것인가?

기록 시리즈와 하위 시리즈 내부에 있는 기록철 안에서의 차이와 변화는 특이한 것이 아니다. 연방기록센터 또는 다른 현장에 보관된 모든 박스들이 이관되었는지 이중체크하기 위해 부서 담당자와 연락한다.

여러분의 시야에 있고 내용이 기입된 시리즈 또는 하위시리즈에 있는 중요한 차이들을 식별한다.

■ 기록철을 아직 개인적으로 가지고 있는 보좌직원을 어떻게 설득할 것인가?

기증자가 아직 의원실에 있다면 의원실의 연락원 또는 기증자와 접촉한다. 그리고 분실이 의심스러운 기록철에 관하여 설명한다. 그들에게 의원실의 기록철은 의원 소유이지 그것을 만든 직원의 소유가 아니라는 점을 상기시키도록 한다. 가끔씩 기증자나 의원실 연락원, 또는 보좌직원에게 한마디하는 것으로 충분하다. 만약 기증자가 와병중이라면 이전의 행정지원직 또는 지원을 위한 의원실 관리자의 위치를 파악하도록 노력한다.

■ 기존의 처리 기준이 비현실적이라면? 처리 기준의 진전(또는 부족함)을 어떻게 보고해야 하는가?

처리하고 있는 프로젝트에 대한 공개적인 최종기한이 있다면, 목표를 설정하고 그 목표에 부합하는 처리전략을 고려하라. 시리즈의 우선순위와 처리 수준을 결정하고, 가능하다면 지원하는 직원에게 적절한 과업을 할당한다.

기준을 사용하고 행정직원 또는 기증자에게 규칙적인 처리 보고를 제공한다(보고서 작성은 시간이 걸린다는 것을 기억하라). 수천 개의 불분명한 사진들, 절망적인 수준의 마이크로필름, 열리지 않고 마이그레이션되지 않는 컴퓨터 파일과 같은 진전을 저해하는 방해물과 마찬가지로 성과를 보고하도록 한다.

■ 물리적 통제를 수행할 수 없는 경우, 디지털화에 대한 압박에 어떻게 대처할 것인가?

"디지털화"는 주의 깊게 강조해야 할 사항이다. 모범적인 디지털화 프로젝트는 기관의 우선순위, 여러 기술적·인간적 자원, 그리고 실제와 가상의 컬렉션 모두에 대한 지적·물리적 통제를 위한 기술(descriptive) 메타데이터에 대한 평가를 필요로 한다.

기증자와 행정가 그리고 연구자로 하여금 디지털화는 보존행위가 아니라는 점을 확인시킨다. 디지털화는 접근을 위한 수단이다.

디지털화 프로젝트는 컬렉션 중에서 최고로 선별된 시리즈에 대해 지정될 수 있다. 많은 방식의 처리수준들이 컬렉션의 다른 부분들에 설정될 수 있다. 전체 시리즈는 원거리 접근을 위해 스캔될 수 있다. 온라인 검색도구와 전시는 중요한 확장 서비스 수단이다. 정리와 기술 등 근본적인 처리를 통한 영구기록에 대한 지적·물리적 통제는 디지털화가 이루어지기 이전에 수행해야 할 가장 중요한 준비작업이다.

■ 기증자 또는 기증자와 관련된 주제가 언론의 주목을 끌 때 언론에 어떻게 대처해야 하는가?

언론 관계에 관한 기관의 정책을 따른다. 그것이 없다면 그러한 언론 정책을 개발하도록 한다.

언론 대표자들은 다른 연구자들로 취급해야 한다.

전화 인터뷰나 해석이 필요한 장황한 반응을 피한다.

사실을 체크하기 위한 요구에 대응하는 것은 유효한 활동이지만, 사실의 해석을 수반하는 요구는 피하도록 한다.

의회기록컬렉션의 처리는 다양한 포맷으로 이루어진 자료들에 대한 지적인 통제와 컬렉션 내에서 발견되는 다양한 주제들에 관한 지식을 요구한다.

사진은 사우스캐롤라이나 대학교(University of South Carolina), 사우스캐롤라이나 정치 컬렉션의 허락을 받아 사용함.

부록 G

참고문헌: 선별 목록

본 참고문헌은 미국 의회, 의회 컬렉션과 관련된 특별 기록문헌, 사료, 선별된 참고 저작물을 포함하고 있다. 이는 현재의 기록 지침과 문헌을 함께 이용하기 위한 것이다.

배경과 통계 자료(Background and Statistical Material)*

Advisory Committee on the Records of Congress. *First Report of the Advisory Committee on the Records of Congress, December 31, 1991.* Prepared under the direction of Walter J. Stewart, Chairman, by the Center for Legislative Archives, National Archives and Records Administration, Michael L. Gillette, Director. Washington, D.C. : US. Senate, 1991.

_____. *Second Report of the Advisory Committee on the Records of Congress, December 31, 1995.* Prepared under the direction of Kelly D. Johnston, Chairman. Washington, D.C. : U.S. Senate, 1995.

_____. *Third Report of the Advisory Committee on the Records of*

---

* (역자 주) 정확한 참고를 위해 참고문헌은 번역하지 않고 원문 그대로 실음.

Congress, December 31, 2000. Compiled by Karen D. Paul under the direction of Gary Sisco, Chairman, and Jeff Trandahl, Vice Chairman. Washington, D.C. : U.S. Senate, 2000.

_____. *Fourth Report of the Advisory Committee on the Records of Congress, December 31, 2006.* Prepared under the direction of Karen L. Haas and Jeff Trandahl, Chairmen and Emily J. Reynolds, Vice Chairman. Washington, D.C. : The Committee, 2006.

Bacon, Donald C., Roger H. Davidson, and Morton Keller. *The Encyclopedia of the United States Congress.* 4 volumes. New York: Simon & Schuster, 1995.

Barone, Michael and Grant Ujifusa. *The Almanac of American Politics.* Washington, D.C. : National Journal. Published biennially.

Biographical Directory of the United States Congress, 1774-1989. Washington, D.C. : Government Printing Office, 2005. http://bioguide.congress.gov.

Byrd, Robert. C. *The Senate, 1789-1989.* 4 volumes. Washington, D.C. : Government Printing Office, 1989-1994.

Congressional Committees, 1789-1982: A Checklist. Compiled by Walter Stubbs. Westport, Conn.: Greenwood Press, 1985.

Congressional Directory. Washington, D.C.: Government Printing Office. Published each Congress. Available since 1995 at http://www.gpoaccess.gov/cdirectory/index.html.

Congressional Information Service. *U.S. Serial Set Index and Microfiche.* Bethesda, Md.: Congressional Information Service, Inc., 1980.

_____. *U.S. Congressional Committee Prints Index and Microfiche Collection.* Bethesda, Md.: Congressional Information Service, Inc., 1980.

_____. *Unpublished Hearings of House and Senate Committees.* A continuing series of materials open under the twenty-and thirty-year limitations of the Senate and House, respectively. Bethesda, Md.: Congressional Information Service, Inc.

_____. *Senate Executive Documents and Reports Covering Documents and Reports Not Printed in the U.S. Serial Set, 1817-1969.* Bethesda, Md.: Congressional Information Service, Inc., 1987.

_____. *Index to Publications of the U.S. Congress and CIS/ Microfiche Library.* Bethesda, Md.: Congressional Information Service, Inc., 1994.

_____. *Congressional Member Organizations and Caucuses: Publications and Policy Materials.* Bethesda, Md.: Congressional Information Service, Inc., 1994.

_____. *Reports Required by Congress: CIS Guide to Executive Communications* and companion microfiche collection. Bethesda, Md.: Congressional Information Service, Inc., 1995.

Congressional Pictorial Directory. Washington, D.C.: Government Printing Office. Published each Congress. Available since 1997 at http://www.gpoaccess.gov/pictorial/index.html.

Congressional Quarterly Weekly Report. Washington, D.C.: Congressional Quarterly Press. http://library.cqpress.com/cqweekly.

Congressional Record. Washington, D.C.: Government Printing Office. Published daily when Congress is in session. Also available on microfiche. Since 1994 available online at http://gpoaccess.gov/crecord/index.html and, since 1989, at http://thomas.loc.gov/home/thomas.html.

Congressional Staff Directory. Mount Vernon, Va.: Staff Directories Ltd. Published annually.

Guide to Congress. 6th ed. Washington, D.C.: Congressional Quarterly Inc., 2007.

Guide to U.S. Elections. 5th ed. Washington, D.C.: Congressional Quarterly Inc., 2005.

History of the United States House of Representatives, 1789-1994. Printed under the supervision of the Committee on House Administration. Washington, D.C.: Government Printing Office, 1994.

Kennon, Donald R., ed. *The Speakers of the U.S. House of Representatives: A Bibliography, 1789-1984.* Baltimore: The Johns Hopkins University Press, 1986.

Kennon, Donald R. and Rebecca M. Rogers. *The Committee on Ways and Means: A Bicentennial History, 1789-1989.* Washington, D.C.: Government Printing Office, 1989.

Martis, Kenneth C. *The Historical Atlas of United States Congressional Districts 1789-1983.* New York: Macmillan Publishing Co., The Free Press, 1982.

_____. *The Historical Atlas of Political Parties in the United States Congress 1789-1989.* New York: Macmillan Publishing Co., The Free Press, 1989.

Miller, Cynthia Pease, ed. *Guide to Research Collections of Former Members of the United States House of Representatives, 1789-1987.* Washington, D.C.: Government Printing Office, 1988.

Morehead, Joe. *Introduction to United States Public Documents.* 2nd ed. Littleton, Colo.: Libraries Unlimited, Inc., 1978.

National Archives and Records Administration. *Guide to the Records of the United States House of Representatives at the National Archives, 1789-1989.* Bicentennial Edition. Washington, D.C.:

Government Printing Office, 1989.

_____. *Guide to the Records of the United States Senate at the National Archives, 1789-1989.* Bicentennial Edition. Washington, D.C.: Government Printing Office, 1989.

Nelson, Garrison with Clark H. Bensen. *Committees in the U.S. Congress, 1947-1992.* 2 volumes. Washington, D.C.: Congressional Quarterly Inc., 1994.

Ornstein, Norman J., Thomas E. Mann, and Michael J. Malbin. *Vital Statistics on Congress, 1993-1994.* Washington, D.C.: Congressional Quarterly Inc., 1994.

Paul, Karen Dawley, ed. *Guide to Research Collections of Former United States Senators, 1789-1994.* Washington, D.C.: Government Printing Office, 1995.

Politics in America. Washington, D.C.: Congressional Quarterly Press. Published biennially.

Quatannens, Jo Anne McCormick, ed. *Senators of the United States, A Historical Bibliography.* Washington, D.C.: Government Printing Office, 1995.

Ragsdale, Bruce A. and Joel D. Treese. *Black Americans in Congress, 1870-1989.* Washington, D.C.: Government Printing Office, 1990.

Remini, Robert V. *The History of the House of Representatives.* New York: Smithsonian Books in association with HarperCollins, 2006.

Silbey, Joel H., ed. *The Congress of the United States 1789-1989.* 23 volumes. Brooklyn, N.Y.: Carlson Publishing Inc., 1991.

Understanding Congress: Research Perspectives. Washington, D.C.: Government Printing Office, 1991.

Who's Who in American Politics. New Providence, N.J.: R.R. Bowker.

Published biennially.

Women in Congress, 1917-2006. Prepared under the direction of the Committee on House Administration by the Office of History and Preservation, U.S. House of Representatives. Washington, D.C.: Government Printing Office, 2006.

Zwim, Jerrold. *Congressional Publications and Proceedings: Research on Legislation, Budgets, and Treaties.* 2nd ed. Englewood, Colo.: Libraries Unlimited. 1988.

기록관리 문헌 선별

Abraham, Terry. "Collection Policy or Documentation Strategy: Theory and Practice." *American Archivist* 54 (Winter 1991): 44-52.

Aronsson, Patricia. "Appraisal of Twentieth Century Congressional Collections." In *Archival Choices: Managing the Historical Record in an Age of Abundance.* Edited by Nancy E. Peace. Lexington, Mass.: D.C. Heath and Company, 1984.

Baker, Richard A. "Managing Congressional Papers: A View of the Senate." *American Archivist* 41 (July 1978): 291-296.

Baker, Richard A., ed. *Conference on the Research Use and Disposition of Senators' Papers: Proceedings.* Washington, D.C., 1978.

Boccaccio, Mary. "Processing and Maintaining a Congressional Collection: The Congressional Papers Roundtable Survey." *Provenance* 10, nos.1 and 2 (1992): 57.

Boccaccio, Mary and David W. Carmichael. *Processing Congressional Collections,* Mid-Atlantic Regional Archives Conference: Technical

Leaflet Series No. 4, 1989.

Brown, Lauren R. "Present at the Tenth Hour: Appraising and Accessioning the Papers of Congresswoman Marjorie S. Holt." *Rare* Books & *Manuscripts Librarianship 2,* no. 2 (Fall 1987): 95-102.

Chestnut, Paul I. "Appraising the Papers of State Legislators," *American Archivist* 48 (Spring 1985): 159-172.

Condrey, Richard, Faye Phillips, and Tony Presti. "Buffalo on the Beaches: Electronic Imaging of Historical Sources." *Provenance* 10, nos. 1 and 2 (1992): 65.

Cross, James Edward. "The Science of Deduction: Dating and Identifying Photographs in 20th Century Political Collections." *Provenance* 6 (Spring 1988): 45-59.

_____. "Neither Fish nor Fowl: The Thurmond Collection as Both Repository and Records Center and Its Effect on the Appraisal Process." *Provenance* 10, nos. 1 and 2 (1992): 35.

Cross, James Edward and Marsha McCurley. "Clemson University Thurmond Speeches Series Indexing Projects." *American Archivist* 57 (Spring 1994): 352-363.

Gallagher, Connell B. "A Repository Archivist on Capitol Hill." *Midwestern Archivist* 16, no. 1 (1991): 49-58.

Gallant, Gregory P., ed. *The 1994 Congressional Papers Conference: Proceedings and Reports.* Sponsored by the Northwood University Margaret Chase Smith Library. 1996.

Goldstein, Susan. "Appraising a Retiring Senator's Papers: A View from the Staff of Senator Alan Cranston." *Provenance* 10, nos. *1* and 2 (1992): 27.

Greene, Mark A. "Appraisal of Congressional Records at the Minnesota Historical Society: A Case Study." *Archival Issues* 19, no. 1 (1994): 31-43.

Greene, Mark A. and Dennis Meissner. "More Product, Less Process: Revamping Traditional Archival Processing." *American Archivist* 68 (Fall/Winter 2005): 208-263.

Hackbaa-Dean, Pam. "A Hint of Scandal: Problems in Acquiring the Papers of Senator Herman E. Talmadge- A Case Study." *Provenance* 13 (1995): 65-80.

Haller, Uli. "Variations in the Processing Rates on the Magnuson and Jackson Senatorial Papers." *American Archivist* 41 (July 1978): 275-296.

Ham, F. Gerald. "Archival Choices: Managing the Historical Record in an Age of Abundance." *American Archivist* 48 (Winter 1984): 11-22.

Hamby, Alonzo L. and Edward Weldon, eds. *Access to the Papers of Recent Public Figures: The New Harmony Conference.* American Historical Association-Organization of American Historians- Society of American Archivists Committee on Historians and Archivists, 1977.

Hartsook, Herbert J. "Political Culture and Present History." *Southern Cultures* 1, no. 3 (Spring 1995): 399-409.

_____. "By Fair Means If You Can: A Case Study of Raising Private Monies to Support Archival Programs." *Archival Issues* 25, nos. 1 and 2 (2000).

Haynes, Kathleen J.M., Lynda Lee Kaid, and Charles E. Rand. "The Political Commercial Archives: Management of Moving Image and Sound Recordings." *American Archivist* 59 (Winter 1996): 48-61.

Lucas, Lydia. "Managing Congressional Papers: A Repository View." *American Archivist* 41 (July 1978): 275-280.

Mackaman, Frank H. "Managing Case Files in Congressional Collections: The Hazard of Prophecy." *Midwestern Archivist* 4 (1979): 95-104.

Mackaman, Frank H., project director. *Congressional Papers Project Report*. Sponsored by the Dirksen Congressional Center and the National Historical Publications and Records Commission, 1985. (Also known as the Harpers Ferry Conference Report.)

Melvin, L. Rebecca Johnson. "Appraisal of Senator John Williams's Papers." *Provenance* 10, nos. 1 and 2 (1992): 41.

Menne Haritz, Angelika. "Appraisal or Documentation: Can we Appraise Archives by Selecting Content?" *American Archivist* 57 (Summer 1994): 528-542.

Miller, Cynthia Pease. *Guidelines for the Disposition of Members' Papers*. U.S. House of Representatives Historical Office, 1991.

Nelson, Anna K., ed. *The Records of Federal Officials: A Selection of Materials from the National Study Commission on Records and Documents of Federal Officials*. New York: Garland Publishing, 1978.

Nelson, Naomi. "From 'Robo' Letters to e-mail: The Evolution of the Constituent Mail Function in the Senate." Congressional Papers Roundtable newsletter, Society of American Archivists. April 1995.

_____. "Taking a Byte Out of the Senate: Reconsidering the Research Use of Correspondence and Casework Files." *Provenance* 15 (1997): 37-62.

Nye, Valerie. "The Sudden Impact of a Senator's Death: Managing the Unexpected." *Provenance* 22 (2004): 34-50.

Paul, Karen Dawley. *Records Management Handbook for United States Senators and Their Archival Repositories.* Senate Historical Office, 2006.

Paul, Karen Dawley, project director. *The Documentation of Congress: Report of the Congressional Archivists Roundtable Task Force on Congressional Documentation.* Senate Historical Office, 1992.

Phillips, Faye. "Developing Collecting Policies for Manuscript Collections." *American Archivist* 47 (Winter 1984): 30-42.

_____. "Congressional Papers Collecting Policies." *American Archivist* 58 (Summer 1995): 258-269.

_____. *Congressional Papers: Appraising, Collecting, Arranging and Describing.* Jefferson, N.C.: McFarland and Co., 1996.

Powers, Thomas E. "Processing as Reconstruction: The Philip A. Hart Senatorial Collection." *American Archivist* 46 (Spring 1983): 183-185.

Schlessinger, Kenneth and Marvin F. Russell. *Identifying and Handling Classified Documents in Archives.* Mid-Atlantic Regional Archives Conference, Technical Leaflet Series No. 7, 1992.

Smock, Raymond. "The New Frontier of Research in Congressional Papers." *The Federalist* (Fall 2005).

Society of American Archivist. *Archival Fundamentals Series II*(2004-).

U.S. House of Representatives. *Records Management Manual for Members (Publication M-1).* Prepared under the direction of the Office of the Clerk, by the Office of History and Preservation, U.S. House of Representatives, 2007.

부록 H

양원동의결의안 307
(H. Con. Res. 307)

2008년 6월 20일 의결
(Agreed to June 20, 2008)

제110차 미 의회
2회기

2008년 1월 3일 목요일 워싱턴 시에서 개최.

양원동의결의(Concurrent Resolution)

의원의 의회기록(대표자와 의회 주재 위원의 기록 포함)은 미국의 대표적인 민주주의를 연구하는 데 있어 필수불가결한 출처(source)로서 제공된다.

이 기록들은 핵심적인 국가적, 지역적 그리고 지방의 공공정책 이슈를 담고 있다.

이 기록들은 국가의 법률을 만들고 시민의 요구에 대응하는 의회의 역할에 대한 공중의 이해를 구하는 데 결정적이다.

이 기록들은 의회 역사에 대한 핵심적인 주요 출처를 제공하기 때문에, 이들 기록에 대한 연구는 개별 의원들의 경력을 설명할 것이다.

관례에 따라 이 기록들은 해당 기록을 접수하고 생산하는 의원의 개인 자산으로 간주된다. 그러므로 기록의 최종처분을 결정할 책임은 의원에게 있다.

자원은 이 기록들을 전문적이고 비용 대비 효과적으로 관리·보존하는 하원 서기장실과 의원을 보좌하는 상원 사무처를 통해 사용할 수 있다.

하원은 다음의 사항에 대하여 결의한다(상원 동의).

(1) 의원의 의회기록(대표자 및 의회주재위원의 기록 포함)은 적절하게 유지되어야 한다.

(2) 각 의원은 의원 자신의 의회기록을 관리하고 보존하는 데 필요한 모든 조치를 취해야 한다.

(3) 의원은 의원 자신이 소유하고 있는 비현용 의회기록에 대하여 해당 기록을 관리하기에 적합한 시설이 갖추어져 있는 연구기관에 기증하거나 위탁해서 정리하도록 권해야 한다. 그리고 해당 기록이 의원이 적절하다고 여겨지는 때에 교육적 목적으로 이용되도록 해야 한다.

증명: 하원 서기장

증명: 상원 사무처장

아래는 회의록(Congressional Record)으로서, 하원 의원 로버트 브래디(Robert Brady)(D-PA)와 버넌 에러스(Vernon Ehlers)(R-MI)의 머리말이다.

의원의 의회기록이 적절하게 유지되어야 할 의회의 명문(expressing sense) (하원-2008. 3. 5.)

[H1254-H1255 페이지]

펜실베니아 브레디(Mr. Brady) 의원 의장님, 저는 규칙을 유보시키려 합니다. 그리고 의원의 의회보고서가 적절하게 유지되고 의원들이 이러한 보고서를 관리하고 유지하는 데 꼭 필요한 조치를 취하여야 한다는 의회의 명문 표현의 양원동의결의안(H. Con. Res. 307)에 동의합니다.

서기장이 양원동의결의안 제목을 읽는다.

양원동의결의안의 내용은 다음과 같다.

양원동의결의안 307

의원의 의회기록(대표자와 의회 주재 위원의 기록 포함)은 미국의 대표적인 민주주의를 연구하는 데 있어 필수불가결한 출처로서 제공된다.

이 기록들은 핵심적인 국가적, 지역적 그리고 지방의 공공정책 이슈를 담고 있다.

이 기록들은 국가의 법률을 만들고 시민의 요구에 대응하는 의회의 역할에 대한 공중의 이해를 구하는 데 결정적이다.

이 기록들은 의회 역사에 대한 핵심적인 주요 출처를 제공하기 때문에, 이들 기록에 대한 연구는 개별 의원들의 경력을 설명할 것이다.

관례에 따라 이 기록들은 해당 기록을 접수하고 생산하는 의원의 개인 자산으로 간주된다. 그러므로 기록의 최종처분을 결정할 책임은 의원에게 있다.

자원은 이 기록들을 전문적이고 비용 대비 효과적으로 관리·보존하는 하원 서기장실과 의원을 보좌하는 상원 사무처를 통해 사용할 수 있다.

하원은 다음의 사항에 대하여 결의한다(상원 동의).

(1) 의원의 의회기록(대표자 및 의회주재위원의 기록 포함)은 적절하게 유지되어야 한다.
(2) 각 의원은 의원 자신의 의회기록을 관리하고 보존하는 데 필요한 모든 조치를 취해야 한다.

(3) 의원은 의원 자신이 소유하고 있는 비현용 의회기록에 대하여 해당 기록을 관리하기에 적합한 시설이 갖추어져 있는 연구기관에 기증하거나 위탁해서 정리하도록 권해야 한다. 그리고 해당 기록이 의원이 적절하다고 여겨지는 때에 교육적 목적으로 이용되도록 해야 한다.

의장대행(임시의장) 규칙에 따라, 펜실베니아의 브레디 의원과 미시간의 엘런 의원이 각각 20분씩 발언하겠습니다.

의장이 펜실베니아 의원의 발언을 허락한다.

의장이 떠난다.

펜실베니아 브레디 의원 의장님, 저는 모든 의원들이 「양원동의결의안 307」에 대한 자신들의 입장을 수정 또는 확장할 수 있도록 5일의 시간을 갖는 것에 대해 만장일치의 동의를 원합니다.

의장대행(임시의장) 이 펜실베니아 의원의 요구에 대해 반대하시는 분 있습니까?

아무 반대도 없었다.

펜실베니아 브레디 의원 의장님, 제 발언을 시작하겠습니다.

의장님, 의원들은 하루하루 그들 직업의 의무감에 얽매이기 매우 쉽습니다. 정기적인 서신, 연설, 투표 권고들 사이에서 의원들은 많은 양의 기록을 쌓아 둡니다. 대부분은 그들의 임기 중반이나 임기가 끝나고 나서야 이 기록들의 중요성을 깨닫습니다.

재임 중 의원들에 의해 작성된 의회기록은 시사적인 문제들을 반영하며 학생, 학자, 국민들이 주정부 하원 의원의 역할을 이해하는 데에 있어 역사적인 이점을 가져다 줍니다.

의장님, 「양원동의결의안 307」은 미래의 지도자와 역사 속 국민들이 우리가 한 결정들을 이해하고 배울 수 있도록, 의원들이 의회기록을 관리하고 보존하는 것을 중요시하게 하는 양원동일결의문입니다. 저는 「양원동의결의안 307」의 통과를 강력히 촉구합니다.

의장님, 저의 발언 시간을 남겨두겠습니다.

엘러 의원 의장님, 저의 발언을 시작하겠습니다.

의장님, 저는 「양원동의결의안 307」을 지지합니다. 이것은 의회기록들이 적절하게 보존되어야 한다는 의회의 정신을 표현하는 것이자, 의원들이 그들의 기록을 보존하고 관리할 수 있는 모든 필요한 조치를 취하도록 권고하는 것입니다.

이것은 아주 중요한 이슈이자, 저 역시 미뤄왔던 문제입니다. 아마 다른 의원들도 마찬가지일 것입니다. 저는 저의 보좌직원들로 하여금 임기가 끝났을 때 해당 기록들이 영구보존될 수 있도록, 평소에 의회기록을 잘 관리하고 보존하라고 여러 차례 격려했습니다. 그러나 여전히, 의회기록 관리를 매일매일 의회기록 관리를 기억하고 수행하는 것은 매우 어렵습니다.

정부가 이러한 이슈와 관련하여 소송에 휘말렸다는 사실은 참 한탄스럽습니다. 또한 법원이 정부로 하여금 모든 사소한 문서와 메시지를 보관해야 하며 향후 언제든 법원의 정밀 조사와 소환에 응해야 한다고 판결을 내렸다는 것 역시 안타깝습니다. 이에 대한 순수 효과는 결국 백악관에서 아무 것도 좀처럼 기록으로 남기지 않으려 한다는 것입니다. 이전 정부가 관습처럼 그렇게 해왔던 것같이 말입니다. 참 불행한 일입니다. 우리는 우리의 생각을 자유롭게 표현할 수 있는 자유를 가져야 합니다. 우리의 생각들은 훗날 부적절하게 사용될 수 없는 방법으로 보존된다는 것을 확신할 수 있어야 합니다.

의원으로서, 우리는 매일 책상으로 배달되는 엄청난 양의 노트, 편지, 기타 기록들을 일상적으로 마주하게 됩니다. 우리 각자는, 오늘의 노트나 기록 등을 버리고 이런 어수선한 골칫거리로부터 자유롭게 벗어나 새로운 하루를 시작하고 싶은 유혹이 있기도 합니다. 그리고 저의 의원실이 이러한 골칫거리들로부터 자유로워져야 한다는 걸 저도 알고 있습니다. 가장 쉬운 방법은 그날의 버릴 것들과 함께 이러한 물품들을 버려버리는 것이지만, 역사가 우리에게 보여 주고 있듯, 우리나라 역사를 가장 정확하고 세밀하게 그리는 것은 대개 이러한 일상적인 물품들입니다.

이러한 기록과 그 안의 내용이 언제 어디서 만들어졌는지는 각각 우리에게 알려주고 있지는 않으나, 기록과 내용이 함께 엮였을 때, 그것들은 우리의 민주주의라는 옷감을 만드는 실이 됩니다.

의회기록이 의원들의 자산이자 의무라면, 하원의 서기장과 상원의 사무처장은 의원들이 이 자료들을 처리하고 다루는 것을 언제든지 도울 준비를 합니다. 저는 나의 모든 동료들이 제가 의회 문서들을 보존하고, 그렇게 함으로써 우리 개인과 전체 후대들을 위하여 역사의 한 조각을 보존하고자 하는 노력에 동참하기를 촉구합니다.

의장님, 저의 발언을 마치겠습니다.

펜실베니아 브레디 의원 엘러 간부 의원님의 협조에 감사드립니다. 매일 의원님과 함께 일하는 것이 영광입니다.

의장님, 저의 발언을 마치겠습니다.

의장대행(임시의장) 하원이 규칙을 유보하고 양원동일결의문 「양원동의결의안 307」에 동의해야 한다는 안건이 펜실베니아 의원 브레디에 의해 제기되었습니다.

안건이 수락되었습니다. (3분의 2가 동의한) 규칙은 유보되었고 공동결의문은 동의되었습니다.

이에 대한 재고 사항은 무기한 연기합니다.

저자 소개

신시아 피스 밀러(Cynthia Pease Miller)

신시아 피스 밀러는 1983년에서 1999년까지 미국 하원의 역사
학자였으며, 하원 의원실을 위한 기록물 처분지침의 개발자이
기도 하다. 또한「미국 전직 하원의원 기록물 연구 가이드」를
편찬하여 상을 받기도 했다. 한편, 세 명의 상원의원과 상원 위
원회의 아키비스트 참모로 근무했으며, 미국 아키비스트협회
(SAA) 의회기록원탁회의 창립 멤버로도 활동하는 등 이 분야에
서 전문성과 리더십으로 높은 평가를 받고 있다.

역자 소개

국회도서관 아카이브연구회 (가나다순)

김장환
- 국회도서관 국회기록보존소 기록연구관
- 명지대학교 기록정보과학전문대학원 기록정보학박사

박성진
- 국회도서관 국회기록보존소 기록연구사
- 중앙대학교 문헌정보학과 박사 수료

박춘자
- 국회도서관 전자정보제작과장
- 중앙대학교 기록관리학과 석사 수료

서연주
- 국회도서관 전자정보정책과 서기관
- 숭실대학교 컴퓨터공학박사
- 한국기록관리학교육원 수료

송지형
- 서울대학교 중앙도서관 고문헌자료실 학예연구사
- 前 국회도서관 사서사무관
- 서울대학교 기록관리학석사

장영미
- 국회도서관 국회기록보존소 기록연구사
- 충북대학교 사학과 박사 수료

여상아
- 국회도서관 자료수집과 전문경력관
- 한국외국어대학교 정보·기록관리학 박사 수료

이미경
- 국회도서관 국회기록보존소 기록정책과장
- 이화여자대학교 기록관리학 박사과정

이원영
- 前 국회도서관 국회기록보존소 기록연구관
- 이화여자대학교 정치학박사
- 한국기록관리학교육원 수료

이은별
- 국회도서관 국회기록보존소 사서
- 명지대학교 기록관리대학원 석사

한종희
- 국회도서관 법률정보총괄과 사서
- 연세대학교 문헌정보학과 석사 수료

감수

한국기록전문가협회